COMMISSION D'ÉTUDES PRATIQUES
DU SERVICE DE L'ARTILLERIE
DANS L'ATTAQUE ET LA DÉFENSE DES PLACES

INSTRUCTION
SUR LE TIR

RÈGLES DE TIR

NANCY

IMPRIMERIE BERGER-LEVRAULT

18, RUE DES GLACIS, 18

1914

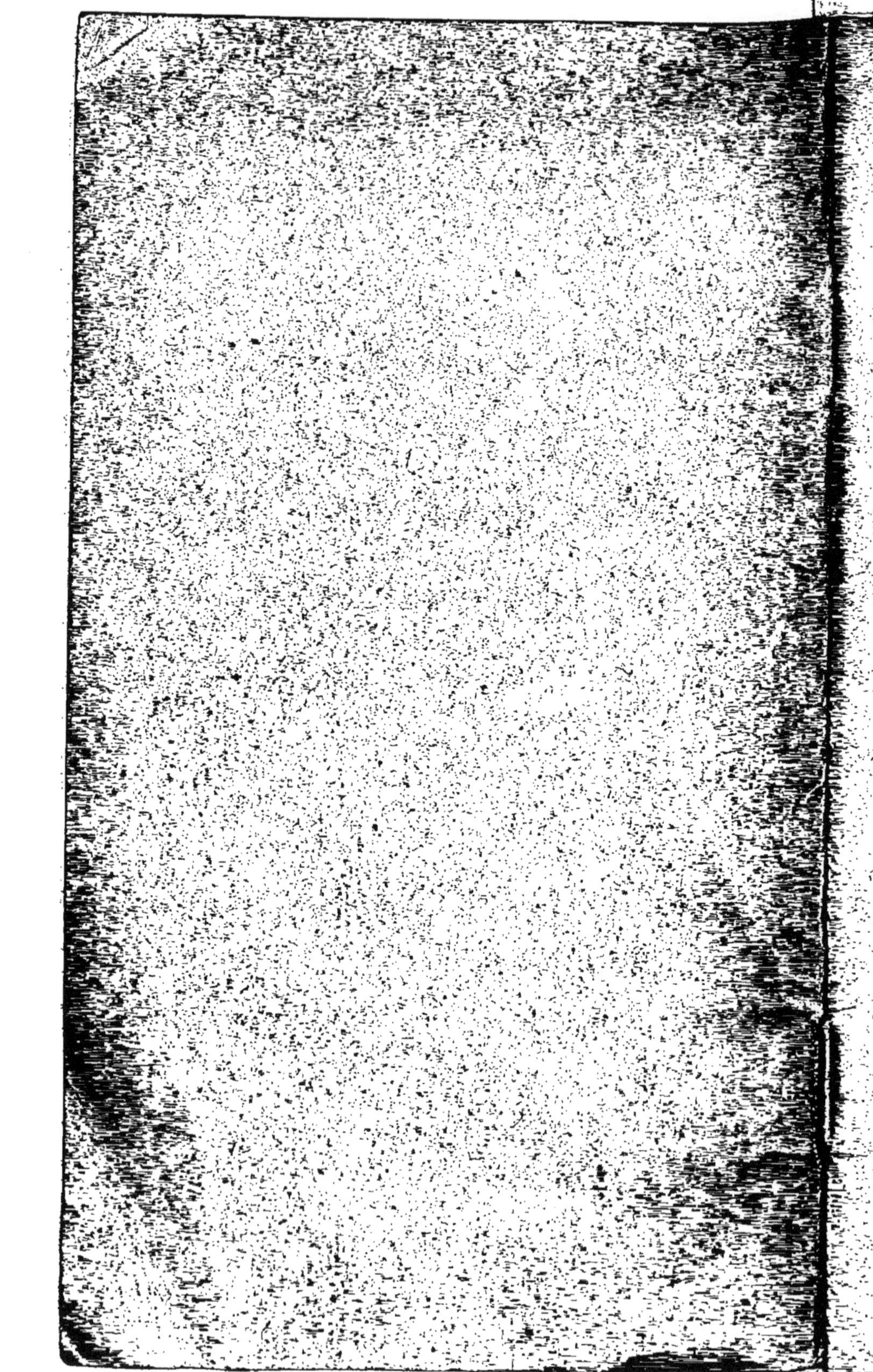

INSTRUCTION SUR LE TIR

COMMISSION D'ÉTUDES PRATIQUES
DU SERVICE DE L'ARTILLERIE
DANS L'ATTAQUE ET LA DÉFENSE DES PLACES

INSTRUCTION SUR LE TIR

RÈGLES DE TIR

NANCY

IMPRIMERIE BERGER-LEVRAULT

18, RUE DES GLACIS, 18

1914

AVANT-PROPOS

L'*Instruction sur le tir* donne les règles qui permettent en général d'arriver le plus rapidement et le plus sûrement au résultat cherché.

Le choix et l'application de ces règles dépendent essentiellement de la situation tactique, et avant tout des conditions de l'observation et du temps dont on dispose.

Il importe de développer dans l'instruction des cadres, non seulement la connaissance des règles de tir, mais encore et surtout la *pratique de l'observation* et les qualités d'*initiative*, de *décision* et de *jugement*.

L'instruction proprement dite ne donne que les règles de tir les plus usuelles; elle doit être connue de tous les officiers et sous-officiers.

En appendice figurent les règles de tir d'un usage moins fréquent, dont la connaissance ne sera exigée que des officiers de l'armée active. Exceptionnellement, certains tirs spéciaux (tir par observation latérale, tirs contre aéronefs, etc.) pourront être confiés à des sous-officiers rengagés ayant reçu, à cet effet, une instruction spéciale.

INSTRUCTION SUR LE TIR

TITRE I

GÉNÉRALITÉS

CHAPITRE I

Des divers genres de tir.

1. Les divers genres de tir se différencient entre eux d'une façon générale, soit par le *mode d'action du projectile*, soit par la *tension plus ou moins grande de la trajectoire*.

2. Au point de vue du mode d'action du projectile, le tir est *percutant* ou *fusant*, suivant que le projectile éclate au choc ou avant d'avoir rencontré un obstacle.

Dans le tir à *ricochet* on cherche à faire éclater au-dessus du sol, après ricochet, les obus explosifs amorcés avec retard. Ce tir permet d'atteindre du personnel abrité derrière un parapet.

3. Considéré sous le rapport de la tension de la trajectoire, le tir prend, suivant les cas, les noms de *tir de plein fouet, de tir plongeant* ou de *tir vertical*.

Le tir est dit de plein fouet lorsqu'il est exécuté avec la charge la plus forte que permet la bouche à feu (¹).

Lorsqu'on tire avec une charge inférieure à la charge de plein fouet, le tir est dit plongeant ou vertical suivant qu'il est exécuté sous un angle de tir inférieur ou supérieur à 45°.

Le tir des mortiers lisses est exécuté sous l'angle de tir de 45°.

Les règles spéciales au tir vertical figurent à l'Appendice.

---

(1) Certains canons ont deux charges de plein fouet; on emploie généralement la plus faible. Elle donne des effets comparables à ceux qu'on obtient avec la plus forte, tout en fatiguant moins le matériel.

CHAPITRE II

Principes.

4. Un tir d'artillerie comporte en général :
Un *tir de réglage* et un *tir d'efficacité*.

Le tir de réglage a pour but la détermination des éléments du tir d'efficacité ; il est poussé plus ou moins loin suivant le temps dont on dispose, suivant le genre de tir d'efficacité que l'on veut faire et suivant la situation de l'objectif.

Le tir de réglage constituant un moment critique pour la batterie, il importe de le conduire avec la plus grande rapidité.

Dans certains cas, ou lorsque des tirs antérieurs ont fourni des renseignements suffisants, on peut être amené à procéder immédiatement au tir d'efficacité.

En principe, le tir d'efficacité doit être mené avec la plus grande vigueur, de manière à obtenir le résultat cherché dans le minimum de temps.

5. Tout tir comporte une préparation dont l'importance est capitale au point de vue de la durée du réglage.

L'organisation du tir, ou, à défaut, le repérage du terrain fait, au moment du besoin, à l'aide des instruments dont on dispose, fournissent les principales données de cette préparation.

Les cartes et la connaissance qu'on peut avoir sur la zone des objectifs donneront toujours d'utiles indications pour cette préparation.

6. Le lotissement des projectiles par poids, ceux des fusées par années de fabrication et de la poudre par lots ont une influence considérable sur la précision du tir et ne doivent jamais être négligés.

7. Toutes les fois qu'un tir ne peut être observé d'une façon continue, l'ensemble de ce tir doit être *contrôlé* le plus souvent possible, de manière à maintenir le centre de la zone battue au milieu de l'objectif et, s'il y a lieu, à diminuer les dimensions de cette zone.

En général, le contrôle est assuré par des observateurs aériens, et quelquefois à l'aide d'observatoires terrestres occupés momentanément.

8. *Rôle du commandant de batterie pendant le tir.* — Le commandant de batterie est chargé de la *conduite du feu*, c'est-à-dire de la détermination des éléments initiaux du tir, du choix du mécanisme du tir, de l'exécution du tir.

En principe, le commandant de batterie se tient en un poste d'où il puisse à la fois commander la batterie à la voix et observer les coups.

S'il n'existe pas de poste répondant à cette double condition, le commandant de batterie se tient pendant le réglage au poste d'observation ou à la batterie, suivant qu'en raison de l'état de son personnel et les difficultés du tir, il estime sa présence plus indispensable à l'un ou l'autre poste.

Lorsqu'il juge nécessaire de se porter au poste d'observation, il confie le commandement de la batterie au gradé le plus ancien (« chef des pièces »), auquel il donne ses ordres au sujet de la conduite du tir et du mode de liaison.

Lorsqu'il juge, au contraire, sa présence nécessaire à la batterie, il se conforme aux prescriptions du n° 24.

TITRE II

PRÉPARATION AU TIR

CHAPITRE I

Reconnaissance du champ de tir.

9. Aussitôt après avoir pris possession de son poste et dans la limite du temps dont il dispose, le commandant de batterie doit procéder à l'étude du terrain (formes, couverts, nature du sol, etc.) dans la zone probable des objectifs, soit par une reconnaissance, soit sur la carte.

Il reconnaît en particulier les zones dans lesquelles les points de chute ne pourraient être observés.

Il se préoccupe toujours, sans retard, des emplacements les plus favorables pour observer telle ou telle partie du champ de tir; il organise ou éprouve les communications téléphoniques.

Si la batterie a déjà tiré, il consulte le carnet de tir.

CHAPITRE II

Carnet de tir.

10. Chaque batterie tient un *carnet de tir* qui a pour objet de conserver trace des résultats obtenus.

Elle dispose de bulletins de tir qui permettent de conserver trace des commandements et des résultats de l'observation.

La contexture de ces documents est donnée en annexe (modèles).

CHAPITRE III

Mise en surveillance des pièces.

11. *Pièce-guide* — La pièce-guide est la pièce dont les éléments initiaux servent à déterminer ceux des autres pièces. A moins d'indication contraire, c'est la pièce de droite qui est la pièce-guide ([1]).

Batterie en surveillance. — Une batterie est dite *en surveillance* lorsque les pièces sont parallèles, la pièce-guide dirigée sur un point visible ou non visible vers le milieu du champ de tir et dans la région des objectifs probables.

Ce point porte le nom de *point de surveillance*.

Angles de surveillance au tonnerre. — Dans les batteries munies d'une planchette, les coordonnées du « point de surveillance » sont inscrites au carnet de tir. *L'angle de surveillance au tonnerre de la pièce-guide*, par rapport au repère principal, est déterminé à l'aide de la planchette et du rapporteur, comme il est dit dans la deuxième partie.

Pour les pièces autres que la pièce-guide, adopter, comme angle de surveillance au tonnerre, celui de la pièce-guide corrigé pour tenir compte de la parallaxe de repère (II⁰ partie).

Dans les batteries non munies d'une planchette, le parallélisme des pièces est obtenu par des procédés de circonstance : pointage réciproque, pointage sur la lunette, pointage sur un point très éloigné ou sur un point dans le prolongement du front de la batterie, etc.

12. Dès que la batterie a été mise en surveillance, les pièces sont repérées. La dérive de repérage obtenue prend le nom de « dérive de surveillance ».

Les angles au tonnerre de surveillance, les dérives de surveillance et, s'il y a lieu, les constantes de repère sont notés ; dans ce dernier cas, la vérification de la position des règles est faite à chaque occupation de batterie, et au moins une fois par jour.

En principe, dès la mise en surveillance de la batterie, les pièces de 75 sur affût de campagne ne sont pas abattues.

CHAPITRE IV

Détermination des éléments initiaux du tir.

13. *Genre de tir et espèces de projectiles à employer.* — Se reporter au tableau ci-contre.

([1]) Il n'est pas tenu compte, bien entendu, de la dérive des tables.

TABLEAU

GENRE DE TIR ET ESPÈCES DE PROJECTILES A EMPLOYER

	INDICATION DES OBJECTIFS	GENRE DE TIR à employer	ESPÈCES DE PROJECTILES à employer
But animé et à découvert	Jusqu'à 600 mètres	Tir à mitraille.	
	De 600 à 2.000 mètres (75, 80, 90, 95, 120c)	De plein fouet	Obus à balles ou à mitraille, tirés percutants.
	De 600 à 1.500 mètres (155c)		
	De 600 à 2.100 mètres (120l, 155l).		
	Au delà des limites ci-dessus	De plein fouet	
But animé défilé par un pli de terrain	Canons longs.	De plein fouet ou plongeant suivant le défilement.	Obus à balles ou à mitraille tirés fusants.
	Canons courts		
But animé abrité.	Dans une batterie de siège à profil normal ou derrière un obstacle équivalent	Plongeant avec un angle de chute supérieur à 25°	Obus à balles ou à mitraille tirés fusants ou obus explosifs sans retard (1).
	Derrière un obstacle résistant où il se trouve plus fortement défilé que dans le cas ci-dessus	Vertical	Obus explosifs sans retard ou exceptionnellement obus à balles ou à mitraille tirés fusants.
	Sur la lisière d'un bois	De plein fouet	Obus à balles ou à mitraille tirés fusants ou obus explosifs sans retard.
	A l'intérieur d'un bois, derrière un mur de clôture, dans une ferme ou dans un village	De plein fouet	Obus explosifs ordinaires ou allongés sans retard.
Épaulement en terre à faible relief (épaulement de batteries de siège, tranchées, etc.) Magasins et abris des batteries		De plein fouet ou plongeant, angle de chute supérieur à 20° (2)	Obus explosifs ordinaires ou allongés sans retard.
Épaulement en terre à fort relief offrant aux coups une surface se rapprochant de la verticale		De plein fouet	
Obstacles légers et défenses accessoires	Murs de clôture et d'habitation, grilles, palanques, abatis, réseaux de fil de fer.	De plein fouet ou plongeant suivant que l'obstacle est défilé ou non	Obus explosifs ordinaires ou allongés sans retard.
Casemates cuirassées, abris blindés ou bétonnés recouverts de terre		Vertical	Obus explosifs ordinaires ou allongés sans retard (3).
Casemates cuirassées, abris blindés ou bétonnés non recouverts de terre, tourelles.	Si le ciel peut être atteint	Vertical	Obus allongés sans retard.
	S'il est impossible d'atteindre les parois verticales.	De plein fouet	
Escarpes et contrescarpes	Non attachées.	De plein fouet	Obus allongés sans retard.
	Attachées (le tir devant être dirigé de manière à atteindre les terres supportées par le mur, dans le voisinage de ce dernier)	Plongeant. Angle de chute supérieur à 20°. Tir d'enfilade si c'est possible	Obus allongés avec retard.

(1) On emploiera toujours des obus explosifs si la batterie est munie d'abris contre le tir fusant, ou si les pièces sont munies de boucliers.

(2) Toutefois on sera conduit à accepter des angles de chute inférieurs à 20° avec les canons longs aux moyennes et petites distances pour éviter de tirer à faible charge, ce qui diminue notablement la précision de la bouche à feu.

(3) Lorsqu'on emploie des obus ordinaires de 155 chargés en explosifs, ces obus sont toujours tirés avec le retard : zéro.

14. *Détermination de la charge.* — Après avoir déterminé la distance du but et la différence d'altitude entre le but et la pièce-guide, le commandant de batterie détermine la charge à employer.

Lorsque aucune condition d'angle de chute n'est à rechercher, la charge à employer est la charge de plein fouet.

Lorsqu'il y a lieu d'obtenir un angle de chute déterminé [1], la charge à employer résulte des renseignements du tableau IV des tables pratiques.

Entre plusieurs charges paraissant convenir, choisir de préférence celle qui donne le plus de marge de réglage de part et d'autre de la distance présumée de l'objectif.

Détermination des éléments du pointage en hauteur.

15. *Hausse.* — Chercher dans les tables pratiques de tir, au tableau VI relatif à la charge et au projectile employés, la hausse qui correspond à la distance du but arrondie en multiple de 20 mètres.

16. *Angle de tir.* — Prendre l'angle de tir qui correspond à la distance du but (arrondie en multiple de 20 mètres), donné par le tableau VI relatif à la charge et au projectile employés, lui ajouter ou en retrancher suivant que le but est plus élevé ou moins élevé que la batterie, la correction de site calculée conformément aux indications placées en tête des tables de tir (tableaux III et III *bis*).

Prendre l'angle de tir arrondi en multiples de 5 minutes [2].

17. *Fourchette.* — Chercher au tableau VI, relatif à la charge et au projectile employés, la fourchette qui correspond à la distance du but arrondie en multiple de 20 mètres.

Détermination des éléments de pointage en direction.

18. Le sens de la graduation des divers appareils de pointage [3] est tel, qu'une augmentation porte le plan de tir à gauche, une diminution porte le plan de tir à droite.

Il n'y a d'exception que pour le goniomètre de siège employé « au tonnerre ».

En vue d'assurer l'application d'une règle uniforme pour tous les matériels, il y a lieu, dès que les pièces ont été repérées au miroir, d'effectuer les modifications à la direc-

---

(1) Cet angle est déterminé soit par la nécessité d'atteindre un objectif défilé, soit par la nécessité d'éviter les ricochets.

En général, l'angle de chute est donné soit par sa valeur minimum, soit comme devant rester compris entre certaines limites.

Retrancher de l'angle de chute donné par les tables la pente du terrain aux environs de l'objectif, si le terrain est incliné vers l'avant ; ajouter cette pente dans le cas contraire (angle de chute net).

(2) Il est en effet avantageux de tirer le premier coup dans les conditions présumées les meilleures.

(3) Y compris les circulaires des tourelles, affûts-trucs, etc.

tion par des commandements s'adressant au « goniomètre-
miroir ».

Dans le pointage à la hausse, il faut porter l'œilleton du
côté où on veut amener le plan de tir.

19. La batterie étant en surveillance, pour la faire tirer
sur un but donné, il faut :

1° Déplacer l'ensemble du faisceau pour l'amener sur le
but ;

2° S'il y a lieu, le fermer ou l'ouvrir.

1° *Déplacer le faisceau.* — Les coordonnées de la pièce-
guide, du point de surveillance et du but étant reportées sur
la planchette, mesurer à l'aide du rapporteur l'écart angulaire entre les droites qui joignent la pièce-guide au point de
surveillance et au but. Cet écart peut aussi être éventuellement mesuré à l'aide de la lunette ou par tout autre moyen.

Si le but est à droite du point de surveillance, cet écart
prend le signe —, s'il est à gauche il prend le signe +
(Voir n° 18).

Faire la somme algébrique de l'écart angulaire, de la dérive des tables, de la correction du vent (¹) et, s'il y a lieu, de
la correction de direction résultant des tirs antérieurs. Cette
somme prend le nom d'*angle de transport* et représente
avec son signe la modification à faire subir aux dérives de
surveillance pour amener sur le but le plan de tir de la pièce-
guide et à sa suite le faisceau parallèle des plans de tir.

2° *Ouvrir ou fermer le faisceau.* — Le tableau II du carnet de tir donne le nombre *n* de décigrades auquel correspond à chaque distance l'écartement des plans de tir du
faisceau de surveillance. Il suffit de comparer cet écartement
à celui qu'on veut obtenir et de commander en conséquence :

Échelonnez de ± tant.

Exemple I. — On veut répartir sur un but de 60 décigrades le feu d'une batterie de 4 pièces.

Après répartition, l'écartement des plans de tir correspon-
dra à 15 décigrades.

Dans le faisceau de surveillance, il correspond par exemple à 5 décigrades.

On commande : *Échelonnez de + 10.*

Exemple II. — On veut à la même distance faire conver-
ger les plans de tir des trois dernières pièces sur celui de la
première.

On commande : *Échelonnez de — 5.*

20. *Détermination de l'évent.* — Prendre le tableau VI relatif à la charge et au projectile employés, l'évent correspondant à l'angle de tir adopté comme convenant au but modifié
de l'angle de site (²) changé de signe.

---

(1) Dans les éditions des tables pratiques publiées avant 1914, le signe
de la dérive des tables et de la correction du vent se rapporte au pointage
fait avec le *goniomètre de siège* placé sur le tonnerre.

(2) De l'angle de site seulement et non de la correction totale de site.

Si l'altitude de la batterie dépasse 5oo mètres, modifier l'évent initial d'après les indications du tableau VII des tables pratiques.

21. *Modifications aux éléments initiaux.* — Les corrections résultant des réglages antérieurs doivent être utilisées pour tenir compte des erreurs constantes ou proportionnelles aux distances observées dans des circonstances identiques et provenant soit des munitions, soit d'une erreur dans les données de l'organisation du tir.

Elles peuvent même permettre d'ouvrir directement le feu sur but caché, sans procéder à un réglage sur but auxiliaire.

Les opérations à effectuer sont les mêmes que celles exposées ci-après (au titre IV) pour le transport du tir.

« En particulier, lorsque la batterie dispose d'un carnet de tir, la *distance initiale* à prendre pour le calcul de l'angle de tir (n° 16) est la distance lue sur la planchette multipliée par le coefficient de réglage donné par le carnet de tir. »

Préparation matérielle du tir.

22. *Munitions.* — L'indication du genre de projectile et de la charge est envoyée par écrit au gradé des munitions.

Celui-ci vérifie et rectifie au besoin le lotissement des munitions et en rend compte.

23. *Instruments de pointage.* — Les niveaux et goniomètres sont rendus comparables par le procédé suivant : pointer la pièce-guide avec les éléments initiaux du tir (ou, à défaut, avec des éléments approchés) et la faire repérer successivement par chaque pointeur avec le goniomètre de sa pièce et par chaque tireur avec le niveau de sa pièce. Les différences de lecture donnent les corrections permanentes à faire subir aux angles tonnerre et aux angles de tir ; il est pris note de ces corrections sur le carnet de pièce.

Cette opération est exécutée toutes les fois qu'elle est jugée utile, mais elle ne doit pas retarder l'ouverture du feu.

24. *Observation.* — Le poste d'observation devra, lorsque ce sera possible, être choisi sur la ligne de tir ou peu en dehors. Dès que l'inclinaison de la ligne d'observation sur la ligne de tir dépasse un dixième, l'observation est dite latérale. Elle comporte une méthode spéciale de réglage (Voir Appendice, n° 102) chaque fois que le but sera très étroit ou que les éléments initiaux du tir n'amèneront pas les points de chute assez près du but pour que le sens des coups soit observable.

En principe, l'objectif est indiqué à l'observateur, de l'observatoire même, par le commandant de batterie, s'il n'observe pas lui-même.

Dans tous les cas, il lui précise les conditions spéciales de l'observation et lui donne ses ordres pour la transmission des résultats.

Les résultats de l'observation sont toujours transmis dans l'ordre suivant : portée, hauteur d'éclatement, direction.

TITRE III

TIR PERCUTANT [1]

CHAPITRE I

Réglage du tir.

ARTICLE I

Réglage en direction.

25. Le réglage en direction se fait par pièce.

Il est assuré par le chef de pièce.

Le commandant de batterie s'efforce, au début du tir, d'amener le plus tôt possible les éclatements à se produire dans la direction de l'objectif ou de la partie de l'objectif choisie pour le réglage en portée de manière à rendre les coups observables en portée.

Dans la suite du tir, le commandant de batterie achève de régler la direction de chaque pièce.

Contre des buts larges et animés, le tir est immédiatement réparti en direction, de façon à couvrir l'ensemble de l'objectif.

Contre des buts étroits, ou des buts larges, mais ne présentant qu'une partie étroite bien nette, toutes les pièces sont réglées par rapport au même point (point de réglage).

En passant au tir d'efficacité le tir est réparti, s'il y a lieu, comme il est dit au n° 41.

26. L'observateur annonce le sens et la grandeur des écarts.

Les écarts sont corrigés intégralement [2].

---

(1) Dans le cas où le but ne se prête pas à l'observation continue, voir titre IV.

(2) Lorsque l'observateur placé sur la ligne de tir ou peu en dehors est à une distance du but différente de celle de la batterie, la grandeur des écarts annoncés doit être multipliée par le rapport des distances au but de l'observateur et de la batterie.

Cette prescription s'applique dès que le rapport est inférieur à deux tiers.

Lorsque l'écart ne dépasse pas 2 décigrades, la direction n'est modifiée que si plusieurs écarts successifs de même sens en démontrent l'utilité. Cependant dans les tirs exigeant une très grande précision, elle pourra l'être si l'écart dépasse 1 décigrade.

Dans le cas où les éléments initiaux de direction ont été déterminés pour la convergence, lorsque les écarts en direction des deux premiers coups de la batterie sont supérieurs à 4 décigrades et de même sens, le commandant de batterie ou le chef des pièces prescrit une correction d'ensemble égale à la moyenne des corrections résultant de ces deux coups.

27. Les écarts en direction sont corrigés conformément à la règle du n° 18.

Article 2

Réglage en portée.

Généralités.

28. Le réglage en portée est fait par batterie. Il s'exécute en principe à l'aide de coups percutants (¹).

Il est assuré par le commandant de batterie, ou par le chef de pièces.

Il a pour objet la détermination de l'angle qui convient à la distance du but, c'est-à-dire l'angle qui, dans un tir prolongé, donnerait sensiblement égalité de coups courts et de coups longs.

On obtient cet angle en tirant un certain nombre de coups avec un angle choisi de manière qu'il donne sûrement des coups courts et des coups longs. L'angle choisi est modifié d'après la proportion du nombre des coups courts au nombre de coups longs. *Ce tir est le tir d'amélioration.*

La recherche de l'angle qui convient pour l'exécution du tir d'amélioration constitue le *tir d'essai.*

Le tir d'essai doit être interrompu toutes les fois qu'au cours du tir on obtient un angle qui donne avec certitude des coups courts et des coups longs sur l'objectif.

On commence de suite avec cet angle le tir d'amélioration.

---

(1) Lorsque le réglage percutant est impossible (soit que les coups percutants n'éclatent pas par suite de la nature du sol, soit que le nuage de fumée produit par l'éclatement percutant soit insuffisant), on a recours au réglage par les coups fusants bas.

Chercher à faire éclater les coups au ras du sol (au plus 1/1000e) en appliquant les règles indiquées ci-après n° 50.

L'évent étant bien réglé pour la hauteur de 1/1000e, chaque série de quatre coups doit normalement comprendre au moins un coup percutant. L'absence de coups percutants doit faire craindre une erreur d'appréciation du 1/1000e. Il est absolument interdit d'annoncer « court » un coup fusant qui a éclaté à plus de 1000e 1/2 de hauteur, même si le nuage produit par l'éclatement voile tout ou partie de l'objectif.

Le réglage par coups fusants bas n'est jamais employé avec les pièces de petit calibre, lorsque la distance de tir est inférieure à 2.000 mètres.

29. Pour tirer plus loin, on augmente l'angle de tir ou la hausse ; pour tirer moins loin, on les diminue (¹).

30. En général, les coups « en direction » sont les seuls qui puissent être observés en portée.

Toutefois le sens en portée de certains coups non en direction pourra, dans certains cas, être estimé lorsqu'on connaîtra sûrement la région dans laquelle ils sont tombés et les particularités du terrain aux environs de l'objectif.

31. *Vérification du sens d'un angle (ou d'une hausse).* — Le sens à attribuer à un angle (ou à une hausse) résulte de l'observation de deux coups tirés avec cet angle (ou cette hausse).

Si les deux coups sont de même sens, ce sens est attribué à l'angle (ou à la hausse).

S'il y a contradiction, on tire deux autres coups avec l'angle ou la hausse à vérifier.

Si les coups ainsi tirés sont encore de sens contraire, l'angle (ou la hausse) est provisoirement adopté comme convenant à la distance du but (angle de tir [ou hausse] provisoire).

Si les deux coups tirés à nouveau sont de même sens, ce sens est attribué à l'angle (ou à la hausse).

31 bis. *Coups au but.* — Si, à un moment quelconque du réglage, dans une des salves, on a un coup au but, on considère ce coup comme de sens contraire au sens de l'autre coup de la salve et on applique les règles ci-dessus (²).

32. *Vérification d'un angle de tir.* — Pour vérifier un angle de tir, on opère de la façon suivante :

On tire deux coups de canon avec l'angle à vérifier. Si les deux coups sont de sens contraire, on adopte l'angle comme angle de tir provisoire.

Si les deux coups sont de même sens, on continue le tir d'essai en opérant par bonds d'une demi-fourchette.

Conduite du tir.

33. *Sommaire de la méthode.* — *Tir d'essai.* — Encadrer le but entre deux trajectoires dont les angles diffèrent d'une quantité variable suivant la précision de la mesure de la distance du but.

Réduire l'encadrement à une fourchette (à une demi-fourchette pour les distances supérieures à 4.000 mètres).

Au cours de ce tir régler la direction.

(¹) C'est l'inverse qui a lieu dans le tir vertical (n° 96).

(²) C'est ainsi qu'il y a contradiction si on a eu un coup court (ou long) et un coup au but. Si, après une contradiction, la seconde salve donne un coup au but, l'angle convient comme angle de tir provisoire.

Tir d'amélioration. — Améliorer le tir, s'il y a lieu, en portée et en direction.

34. *Tir d'essai.* — Le tir est exécuté en principe par salves de deux coups tirés à quelques secondes d'intervalle [1].

Dans le cas exceptionnel de batterie de 2 ou 3 pièces, le tir est exécuté par pièce, à moins que le matériel ne soit à tir rapide.

Chercher d'abord, en partant de l'angle initial, à encadrer le but entre un angle qui donne des coups courts et un angle qui donne des coups longs.

A cet effet, procéder par bonds en général égaux à partir du premier angle dont le sens a été observé, jusqu'à ce que l'on obtienne un angle donnant des coups de sens contraire [2].

Quand la distance résulte des données de la planchette, l'amplitude du bond est égale à la fourchette indiquée par la table pour les distances inférieures à 4.000 mètres; à la demi-fourchette pour les distances supérieures.

Si l'évaluation de la distance a été faite à vue, ou si les premiers coups sont *visiblement* très éloignés du but, l'amplitude du bond est doublée [3].

Si deux coups tirés avec le même angle n'ont pas été vus, il y a lieu de rechercher d'abord si ce fait peut être attribué à la nature ou aux formes du terrain. Dans ce cas le commandant de batterie modifie l'amplitude du bond de façon à obtenir des coups observables dans le plus bref délai possible.

Dès que le premier encadrement a été obtenu, en réduire, s'il y a lieu, les limites à une fourchette (à une demi-fourchette pour les distances supérieures à 4.000 mètres).

Angle de tir provisoire. — Prendre pour angle de tir provisoire, soit la moyenne des limites de l'encadrement, soit l'angle qui a donné égalité de coups courts et de coups longs, dans la vérification du sens de l'angle (n° 31).

35. *Tir d'amélioration.* — Le commandant de batterie tire avec l'angle de tir provisoire jusqu'à ce qu'il ait pu observer six coups [4]. S'il n'y a pas égalité de coups courts et de coups longs, il modifie l'angle de tir d'autant de fois un sixième de fourchette qu'il y a de coups à faire passer d'un sens dans l'autre. L'angle ainsi obtenu est l'angle de réglage.

Il passe alors au tir d'efficacité.

---

[1] Cette manière de faire a pour but de permettre l'observation successive des deux coups en portée et en direction; l'intervalle doit être suffisant pour que la fumée du premier coup ait le temps de se dissiper et ne masque pas l'éclatement du second coup.

[2] Le sens d'un angle est déterminé comme il est dit ci-dessus au n° 31.

[3] On opère aussi de même lorsqu'un seul coup de la salve a été observé et qu'il est *visiblement* court ou long.

[4] Si, au cours du tir d'essai, des coups ont été tirés avec cet angle, le commandant de batterie peut les faire entrer dans le tir d'amélioration.

Au cours du tir d'amélioration, il rectifie, s'il y a lieu, la direction du tir de chaque pièce soit en vue de la convergence, soit en vue de la répartition du tir.

Cas particuliers.

36. *Changement des conditions du tir.* — Lorsqu'on reprend un tir réglé antérieurement dans des conditions atmosphériques différentes, et toutes les fois qu'au cours d'un tir on change le lot de poudre, on vérifie l'angle (n° 32).

Lorsqu'au cours d'un tir, on change d'espèce de projectile, on détermine, d'après les tables, la correction à faire subir à l'angle de tir et à la dérive, et on vérifie l'angle (n° 32).

37. *Commandements en distance.* — Pour certains matériels, les commandements se font en distance. La fourchette est donnée en mètres par les tables. La hausse fournie par le tir d'ensemble est arrondie en multiple de 25 mètres.

Sous ces seules réserves, les règles de tir ci-dessus exposées sont entièrement applicables à ces pièces.

38. Dans le *cas du tir plongeant*, lorsque les conditions de défilement de l'objectif imposent un angle de chute minimum, la conduite du tir d'essai est modifiée comme il suit :

La charge initiale ayant été déterminée comme il est dit au n° 14, les opérations du tir sont conduites avec cette charge jusqu'à la détermination de l'angle provisoire.

Le commandant de batterie s'assure alors que l'angle de chute correspondant à cet angle reste supérieur à l'angle minimum indiqué, A cet effet, il cherche dans le tableau VI des tables pratiques pour la charge initiale, la distance correspondante ; il vérifie dans le tableau VI que pour cette charge et cette distance l'angle de chute est supérieur à l'angle minimum.

S'il n'en est pas ainsi, il adopte la charge inférieure et prend dans le tableau VI relatif à cette charge l'angle correspondant à la distance qu'il vient de trouver. Il adopte cet angle comme angle de tir à vérifier (n° 32).

La dérive est modifiée pour tenir compte des changements de charge et d'angle.

CHAPITRE II

Tir d'efficacité.

39. Avant de commencer le tir d'efficacité, le commandant de batterie prévient l'observateur en lui indiquant, s'il y a lieu, la manière dont celui-ci devra rendre compte des résultats cherchés.

40. En principe, le tir d'efficacité est conduit aussi rapidement que le permettent les instructions reçues en ce qui concerne la consommation des munitions et jusqu'à ce que des indices certains aient fait connaître que le résultat cherché est obtenu.

Dans certains cas, le tir devra être exécuté par rafales courtes et violentes.

Dans d'autres cas, lorsqu'il n'aura pour objet que de maintenir les résultats acquis, il devra être conduit avec une certaine lenteur : on évitera, dans ce dernier cas, d'espacer régulièrement les coups, comme temps ; le nombre des pièces servies devra être réduit au minimum. Les éléments de tir nécessaires pour exécuter le tir d'efficacité sans autres ordres, angle de tir, angles de direction, vitesse de tir, sont donnés par écrit aux chefs de pièce.

41. *Direction.* — Le tir est réparti en direction, à l'aide des commandements du n° 19, s'il ne l'a pas été déjà à l'ouverture du feu.

Si la largeur de chaque tranche ne dépasse pas le front d'action d'une bouche à feu, chaque pièce est pointée sur une extrémité de sa tranche (en principe la droite). Dans le cas contraire, on tire successivement avec cette première direction, puis avec cette direction modifiée de deux en deux décigrades, jusqu'à ce que la tranche entière ait été battue. On revient en sens inverse et ainsi de suite.

42. *Angle de tir.* — Si l'objectif a une certaine profondeur il est battu par des modifications successives d'angles, égales à une demi-fourchette aux distances moyennes (inférieures à 4.000 mètres), à un quart de fourchette au delà.

43. *Tir de précision.* — Le tir est exécuté avec l'angle de réglage et par série de douze coups.

L'angle de tir est modifié lorsque, dans une série, il n'y a pas égalité de coups courts et de coups longs.

On modifie d'autant de douzièmes de fourchette qu'il y a de coups à faire passer d'un sens à l'autre.

Dans le tir sur un objectif de très petite dimension, on opérera pour chaque pièce individuellement, comme il est dit ci-dessus [1].

44. *Tir contre le personnel découvert aux petites distances.* — Ce tir s'exécute à l'aide de canons de petit calibre [2].

Le tir est réparti en direction dès l'ouverture du feu.

Encadrer l'objectif dans un bond de 200 mètres. Si un seul coup tiré sur les limites de l'encadrement a été observé, répéter la salve.

---

[1] On affecte autant que possible à chaque pièce des projectiles ayant sensiblement le même poids.

[2] Dans l'état actuel de l'artillerie de siège, ces matériels permettent seuls une rapidité de tir suffisante.

Passer au tir d'efficacité.

Le tir d'efficacité est échelonné de 5o en 5o mètres entre les limites de l'encadrement.

Si le but est arrêté ou si le matériel permet une grande rapidité de tir (canons de 75), réduire l'encadrement à 100 ou à 5o mètres.

Si le but est en mouvement ou susceptible de se déplacer, il n'est considéré comme encadré que si la dernière salve tirée correspond à la limite vers laquelle se dirige le but ou, à défaut d'indications précises sur le sens de la marche, à la limite courte.

Si l'objectif a une profondeur notable il est battu par des hausses échelonnées de 5o en 5o mètres.

L'échelonnement peut être porté à 100 mètres lorsqu'il s'agit d'arrêter l'ennemi dans un mouvement rapide.

TITRE IV

TIR FUSANT [1]

OBSERVATIONS IMPORTANTES

Tout tir fusant dont le réglage en portée est trop long d'une demi-fourchette, est très peu efficace et peut même ne l'être pas du tout.

Contre du personnel découvert, il donnera de bons résultats s'il est trop court même d'une demi-fourchette.

Contre du personnel abrité il est très important que le réglage en portée soit précis.

CHAPITRE I

Réglage du tir.

45. *Sommaire de la méthode.* — Régler la direction et la portée.

Répartir le tir en direction s'il y a lieu.

Régler l'évent.

---

[1] Dans le cas où le but ne se prête pas à une observation continue, voir titre V.

ARTICLE 1

Réglage en direction et en portée.

46. Le réglage en direction et en portée est exécuté comme dans le cas du tir percutant sur but fixe.

La répartition du tir en direction est faite au moment du passage au tir fusant (¹).

Dans le cas du tir contre le personnel découvert, le tir est réparti en direction, dès l'ouverture du feu, de manière à couvrir l'ensemble de l'objectif, et le réglage en portée est limité à la recherche de l'encadrement de deux fourchettes (une fourchette pour les distances supérieures à 4.000 mètres).

ARTICLE 2

Réglage de l'évent.

47. Le réglage est basé sur l'observation de la hauteur des éclatements au-dessus du pied du but (personnel découvert) ou au-dessus de la crête couvrante (personnel abrité).

48. Le réglage de l'évent a pour but d'amener la hauteur moyenne des éclatements à une hauteur-type variable avec le genre de tir exécuté et l'espèce de canon employé.

Les hauteurs-types (²) ont les valeurs ci-après :

Charges de plein fouet des canons longs . . .	4/1000ᵉˢ
Charges de plein fouet des canons courts . .	
Charges 2 et 3 des canons longs	8/1000ᵉˢ
Charge 1 du canon de 95	
Autres charges des canons longs et courts. .	12/1000ᵉˢ

49. *Évent initial.* — Prendre dans le tableau VI relatif à la charge employée l'évent correspondant à l'angle adopté diminué de l'angle de site si le but est plus élevé que la batterie ; augmenté de l'angle de site, dans le cas contraire.

Si l'altitude de la batterie dépasse 500 mètres, l'évent initial est modifié d'après les indications du tableau VII des tables pratiques.

50. *Réglage de l'évent.* — Procéder par série de quatre coups observés. Toutefois, si les deux premiers coups observés sont très hauts ou percutants, la série n'est pas continuée et il est fait immédiatement une correction de 4/10 de seconde dans le sens convenable.

---

(1) Voir ci-après, n° 52, la règle de la répartition.

(2) Si les distances du but à la batterie et à l'observatoire sont sensiblement différentes, il faut tenir compte de ce que la hauteur-type, vue de l'observatoire, est égale à la hauteur-type vue de la batterie, multipliée par le rapport des distances du but à la batterie et à l'observatoire.

L'évent est considéré comme réglé et prend le nom d'*évent de réglage*, quand, dans une série de quatre coups, le nombre des coups hauts est égal à celui des coups bas. Après toute série qui n'a pas donné ce résultat, l'évent doit être modifié d'autant de 1/10e de seconde qu'il y a de coups à faire passer d'un sens à l'autre pour obtenir l'égalité désirée.

Les coups à hauteur sont considérés moitié comme hauts, moitié comme bas. Les coups percutants sont considérés comme bas, à moins que l'on ait des raisons de supposer que l'évent a été mal débouché (par exemple dans une série où tous les autres coups sont très hauts).

L'évent de réglage n'est modifié que si deux séries consécutives en démontrent la nécessité.

Si, dans le cours du réglage, on est amené à faire une correction égale ou supérieure à la précédente et de sens contraire, on prend un évent intermédiaire.

Quand il est fait usage du débouchoir, les règles à appliquer sont les mêmes, chaque division du correcteur étant censée correspondre à une durée de 1/10e de seconde. Les augmentations de durée se traduisent par une diminution du correcteur et inversement.

CHAPITRE II

Tir d'efficacité.

51. Le tir d'efficacité est conduit conformément aux prescriptions du n° 40.

52. *Direction.* — Le tir est réparti dans les conditions indiquées au n° 41, mais à raison de 4 décigrades aux distances moyennes (inférieures à 4.000 mètres), de 2 décigrades au delà.

53. *Portée.* — *Si le but est abrité,* le tir d'efficacité est exécuté sur un angle fixe (angle de réglage donnant égalité des coups courts et des coups longs).

Si le but est découvert, le tir est exécuté par salves échelonnées de demi-fourchette en demi-fourchette, entre les limites de l'encadrement, et l'évent est réglé au courant du tir d'efficacité.

Cet échelonnement est réduit de moitié pour les distances supérieures à 4.000 mètres.

L'échelonnement est de 50 mètres pour les canons de petit calibre.

54. *Contre du personnel en marche.* — Si le matériel ne permet pas une grande rapidité de tir, le tir n'est efficace que lorsqu'il surprend l'objectif à un point de passage obligé.

A cet effet, il conviendra de marquer au préalable sur la planchette les points de passage les plus intéressants (défilés, cols, ponts, croisements et débouchés de route, etc...) et de préparer le tir sur ces points pour pouvoir ouvrir inopinément le feu sur tout objectif qui s'y présente.

Dans ce but, on dressera un tableau des éléments de tir sur chacun des points intéressants. Ces éléments seront modifiés, s'il y a lieu, d'après les résultats des réglages antérieurs.

Le tir exécuté sur les objectifs passant par les points repérés, sera un tir rapide et de surprise sur zone de deux fourchettes de profondeur (¹).

A défaut de réglage préliminaire ou de renseignements fournis par des tirs antérieurs, on exécutera un tir sur zone de quatre fourchettes de profondeur, d'après la distance du but relevée sur la carte. On cherchera à se rendre compte des résultats du tir et, au besoin, on modifiera les éléments.

Pour les canons de petit calibre, les règles sont les mêmes que dans le cas où le tir est exécuté à l'aide d'obus percutants.

Si le réglage en portée a été fait à l'aide de coups fusants bas, considérer comme longue de 5o mètres la hausse qui a donné successivement deux salves encadrantes.

TITRE V

TIR SUR BUT NE SE PRÊTANT PAS A UNE OBSERVATION CONTINUE

GÉNÉRALITÉS

Principe de la méthode.

55. On utilise les résultats d'un tir réglé sur un *but auxiliaire* pour déterminer les éléments correspondants du but à battre (but définitif).

Cette opération s'appelle *transport de tir*.

Pour que les corrections trouvées sur but auxiliaire soient applicables au but définitif, il convient que le tir sur but auxiliaire soit exécuté avec les mêmes conditions atmosphériques que le tir sur but définitif. Les deux tirs doivent donc se succéder l'un l'autre.

(¹) Consulter le carnet de tir (tableau IV) et y prendre les données du tir si elles sont préparées; apporter aux données initiales des corrections résultant des tirs antérieurs.

56. Le but auxiliaire doit réaliser les conditions suivantes :

Avoir une position connue exactement ;

Se prêter à une observation continue et facile des coups en portée et en direction ;

Être assez voisin du but définitif pour que le rapport des distances de la batterie au but définitif et au but auxiliaire soit compris entre 3/4 et 4/3 et pour que l'écart angulaire des deux buts ne dépasse pas 200 décigrades.

Toutes choses égales d'ailleurs, on doit choisir de préférence un ouvrage de l'ennemi ou tout autre point sur lequel le réglage peut produire un effet utile et particulièrement un objectif sur lequel un tir a déjà été exécuté.

Définitions.

57. On appelle :

Correction de réglage en angle la différence entre l'angle de tir obtenu par le réglage et l'angle de tir calculé pour la distance du but ;

Correction de réglage de l'évent, la différence entre l'évent de réglage et l'évent initial ;

Angle de transport, l'écart angulaire (en décigrades) entre les deux objectifs (¹), modifié de la différence des dérives ;

Distance de réglage, la portée qui, dans la table de tir, correspond à l'angle de réglage ramené à l'horizon, c'est-à-dire modifié de la correction totale de site (²) changée de signe ;

Correction de réglage en portée, la différence entre la distance de réglage et la distance initiale (³) ;

Le coefficient de réglage en portée (⁴) est le rapport $\dfrac{R}{P}$ entre la distance de réglage R et la distance mesurée sur la planchette P.

---

(1) Il est positif si le but définitif est à gauche, négatif si le but définitif est à droite (n° 18).

(2) Angle de site modifié de la correction complémentaire.

(3) Distance lue sur la planchette ou cette distance multipliée par le coefficient de réglage du carnet de tir (n° 21).

(4) L'ordre des opérations est le suivant :

   *Angle de tir de réglage . . . .

   *Correction totale de site changée de signe. . . . . $\pm$

   Angle de tir de réglage ramené à l'horizon . . . .

   Distance de réglage R = ...

   *Distance lue sur la planchette P . . . .

   Coefficient de réglage en portée $\dfrac{R}{P}$ . . . .

(Les éléments marqués d'un astérisque sont pris sur le bulletin de tir.)

CHAPITRE I

Transport de tir.

ARTICLE 1

Méthode simplifiée.

58. Lorsque le but auxiliaire et le but définitif sont relativement voisins ou si des tirs antérieurs ont montré que le coefficient de réglage en portée est voisin de 1, on procède comme il suit [1] :

Ajouter à la distance initiale du but définitif la correction de réglage en portée trouvée sur le but auxiliaire [2] ;

Adopter l'angle correspondant à la distance ainsi obtenue, modifié de la correction de site du but définitif ;

Modifier la direction trouvée pour chaque pièce sur le but auxiliaire de l'angle de transport ;

Modifier l'évent initial correspondant à l'angle de réglage sur but définitif de la correction de réglage de l'évent sur but auxiliaire ;

Rendre compte de l'exécution du transport et passer au tir d'efficacité.

59. Le transport en portée peut être également effectué de la manière suivante :

Modifier l'angle de tir calculé sur le but définitif de la correction de réglage en angles sur le but auxiliaire.

Adopter l'angle correspondant à la distance ainsi obtenue, *modifiée de l'angle de site de but définitif.*

Ce procédé permet de simplifier les calculs pendant le tir, lorsqu'on n'a pas pu, avant l'ouverture du feu, calculer l'angle de tir sur but définitif.

ARTICLE 2

Méthode régulière.

60. La méthode régulière consiste dans les opérations suivantes :

Calculer la correction de réglage en portée sur but auxiliaire ;

---

(1) Différence des distances inférieures à 500 mètres. Coefficient de réglage compris entre 0,98 et 1,02. Ces données peuvent être portées, à 1.000 mètres, à 0m 95 et 1m 05 chaque fois que le feu doit être ouvert rapidement, ou qu'il s'agit d'exécuter un tir sur zone égale ou supérieure à 200 mètres.

(2) La correction de réglage en portée se calcule très rapidement en formant la correction de réglage en angle, qui a le même signe, et en prenant, dans la table de tir aux environs de l'angle de tir de réglage, le nombre de mètres correspondant à la correction de réglage en angle. Ce procédé évite le calcul de la distance de réglage.

La multiplier par le rapport des distances du but définitif ou du but auxiliaire ;

Chercher dans la table l'angle de tir correspondant à la distance de réglage ainsi trouvée et lui faire subir la correction de site ;

Modifier la direction trouvée pour chaque pièce sur but auxiliaire de l'angle de transport ;

Modifier l'évent initial correspondant à la distance de réglage sur but définitif de la correction de réglage de l'évent sur but auxiliaire ;

Rendre compte de l'exécution du transport et passer au tir d'efficacité.

Cas d'un changement de charge.

61. La charge à employer pour le tir sur but définitif (cas où l'on veut obtenir un angle de chute déterminé) peut différer de la charge employée pour le réglage sur but auxiliaire. Dans ce cas, calculer comme précédemment la distance de réglage, pour le but définitif.

Prendre dans le tableau IV la charge qui, pour la distance de réglage, donne un angle de chute convenable.

Déterminer avec cette charge les éléments du tir sur le but définitif, comme il a été indiqué ci-dessus.

CHAPITRE II

Contrôle du tir transporté.

62. Le contrôle est toujours exécuté à l'aide de coups percutants.

Il a pour objet de situer l'objectif par rapport aux points de chute d'une série de coups successifs tirés aussi rapidement que possible avec les éléments correspondant au centre du but (¹).

L'observateur chargé du contrôle cherche à situer le point moyen des coups observés par rapport au centre de l'objectif, en se servant de bases-repères prises sur l'objectif lui-même ou à proximité.

Des résultats de l'observation, on déduit les corrections à faire subir à l'angle de tir et à la direction, résultant des calculs du transport, pour amener le point moyen au centre de l'objectif.

---

(1) Les éléments de contrôle (angle au miroir, angle de tir) sont notés par chaque pièce dès que les opérations du transport ont été effectuées.

Les pièces sont chargées en obus percutants et repointées avec ces éléments à l'indication « Tir de contrôle » du commandant de batterie. Ce commandement pouvant être fait à un moment quelconque du tir sur but définitif.

Si les corrections sont importantes (¹), il y a lieu d'exécuter un nouveau contrôle en partant des éléments modifiés à la suite du premier.

63. Dès que les corrections consécutives au contrôle ont été faites, et si la situation tactique le permet, le commandant de batterie vérifie l'angle de réglage sur but auxiliaire(²). Il peut ne faire concourir à cette vérification qu'une ou deux pièces, les autres continuant le tir d'efficacité sur but définitif.

CHAPITRE III

Tir d'efficacité.

64. Le tir d'efficacité sur but invisible est exécuté sur zone.

Les dimensions de la zone à battre dépendent de la précision des renseignements sur la situation de l'objectif; ces dimensions sont celles de l'objectif ou de la zone objectif (³), augmentées de 5 décigrades à droite et à gauche et d'une demi-fourchette dans chaque sens.

La profondeur est arrondie en multiple d'une demi-fourchette.

65. *Échelonnement en portée et en direction :*
En portée : 1/2 fourchette aux distances moyennes;
         1/4 fourchette aux distances supérieures à 4.000 mètres.
En direction : Tir percutant : 2 décigrades;
         Tir fusant : 4 ou 2 décigrades suivant la distance (n° 52).

Si le tir est fusant, le commandant de batterie fait subir aux évents les modifications parallèles à celles des angles de tir.

66. *Conduite du feu.* — La répartition indiquée au n° 65 fournit les éléments d'une série de coups qu'on tire en évitant de les espacer régulièrement comme temps, portée et direction.

On répète la série, s'il y a lieu, autant de fois qu'il est nécessaire pour atteindre le résultat cherché.

67. *Tir de surprise.* — Lorsque le tir d'efficacité doit être ouvert inopinément sur un but connu seulement par sa position sur la carte, on opère comme il est dit au n° 54.

---

(1) Corrections supérieures à une fourchette en portée (ou 1/2 fourchette, aux grandes distances) et à 10 décigrades en direction.

(2) Voir n° 32.

(3) Zone dans laquelle on est sûr que se trouve l'objectif; le commandant de batterie s'efforce de réduire cette zone en tenant compte de toutes les particularités connues relatives à la position de l'objectif.

CHAPITRE IV

Vérification sur but auxiliaire.

68. La vérification des éléments du tir sur but auxiliaire doit être faite pendant le tir d'efficacité sur le but définitif, toutes les fois que l'on a des raisons de craindre un déréglage du tir résultant soit des conditions atmosphériques, soit d'un changement de lot de poudre, et éventuellement de lot de projectiles.

Le commandant de batterie peut ne faire concourir qu'une ou deux pièces à cette vérification, les autres continuant le tir d'efficacité; il applique les règles du n° 32 pour la vérification de l'angle.

Les angles du tir d'efficacité sont modifiés de la correction d'angle trouvée après vérification sur but auxiliaire.

Les corrections à la direction et à l'évent sont faites intégralement.

TITRE VI

TIR EN MONTAGNE

---

69. Les particularités du tir en montagne sont dues principalement à la raréfaction de l'air, aux altitudes où peuvent se trouver la batterie et le but. L'influence de la raréfaction de l'air donne lieu à des corrections à la portée et à l'évent; il en est tenu compte dans la détermination des éléments initiaux comme il suit :

Angle de tir initial.

70. *Distance.* — Quand l'altitude dépasse 1.000 mètres, il y a lieu, à défaut d'autre indication, de faire subir aux distances mesurées les réductions ci-après :
Pour l'altitude de 2.500 mètres :

Canons longs.	Tir de plein fouet.	1/15
	Tir à charges réduites	1/20
Canons courts et morticrs.	Fortes charges.	1/20
	Charges moyennes	1/30
	Faibles charges.	1/40

Pour les altitudes comprises entre 1.000 et 3.000 mètres, multiplier les corrections précédentes par le rapport de l'altitude de la batterie à 2.500 mètres. Au-dessous de 1.000 mètres ne pas faire de corrections.

Remarque. — Les coefficients de réduction ci-dessus ne sont que très approchés. On aura, pour chaque batterie, une valeur expérimentale beaucoup plus exacte du coefficient de réduction à adopter par l'examen des rapports $\dfrac{R}{A}$ obtenus dans les tirs antérieurs.

On adoptera pour la valeur du coefficient de réduction une moyenne des valeurs de $\dfrac{A - R}{A}$.

Angle de site. — L'angle de site est l'angle de site vrai; il s'obtient en partant de la distance lue sur la planchette.

Correction complémentaire de site. — La correction complémentaire s'obtient en prenant, comme angle de site, l'angle calculé comme il est dit ci-dessus, et comme angle de tir l'angle de tir correspondant à la distance réduite pour ténir compte de l'altitude.

Èvent.

71. On trouve, dans le tableau VII des tables pratiques de tir et jusqu'à l'altitude de 3.000 mètres, les évents donnant la même durée de combustion que ceux des tables, calculés pour l'altitude de 150 mètres.

Observation des coups.

72. En pays de montagne, quand un objectif est situé sur une paroi à pente très raide, il y a souvent intérêt, pour abréger le réglage, à comparer l'écart vertical du premier coup à une hauteur repère prise sur la paroi et évaluée en fourchettes, puis à faire subir à l'angle initial une correction égale à l'écart observé.

Exemple : Canon de 120 L.; distance, 2.800 mètres, charge, 0; fourchette, 20'; hauteur repère en décigrades, 22 décigrades; en mètres (tableau II), 100 mètres; en minutes (tableau III), 123', soit environ 6 fourchettes.

Angle initial : 5°, le coup tombe à une hauteur en dessous du but évalué à un tiers de la hauteur repère. — Angle initial corrigé : 5° + 2 fourchettes = 5°40'.

Transport de tir.

73. Indépendamment du cas où le but auxiliaire et le but définitif sont relativement voisins, la *méthode de transport* simplifiée s'applique dans le tir en montagne lorsque le rapport de la distance de réglage ramenée à l'horizon, à la distance réduite pour tenir compte de l'altitude, est voisin de 1.

Il en est généralement ainsi lorsque le coefficient de réduction employé résulte des tirs antérieurs (Remarque du n° 70).

74. Lorsqu'il y a lieu d'appliquer la *méthode régulière de transport de tir*, les opérations sont les mêmes que dans le cas général.

L'angle initial et la correction totale de site sont déterminés comme il a été indiqué au n° 70.

Le coefficient de réglage en portée est, comme dans le cas général, le rapport de la distance de réglage ramenée à l'horizon à la distance mesurée sur la planchette.

TITRE VII

TIR DE NUIT

75. L'artillerie de siège est souvent appelée à continuer, pendant la nuit, les tirs d'efficacité commencés pendant la journée.

Ces tirs de nuit ne présentent, en général, aucune difficulté particulière, à condition qu'on ait pris les précautions nécessaires pour assurer le repérage des pièces et des instruments d'observation.

76. Lorsqu'on se trouve dans l'obligation d'ouvrir le feu pendant la nuit sur un nouvel objectif, la solution la plus générale consiste à battre la zone dans laquelle l'objectif est signalé (n° 64).

Le commandant de batterie profite de tous les renseignements et de tous les indices pour réduire les dimensions de la zone objectif.

77. *Emploi d'un projecteur.* — Le tir des canons de gros et moyens calibres [1] n'est pas assez rapide pour être utilement employé en liaison avec un projecteur ni contre un projecteur.

Le tir en liaison avec un projecteur s'emploie avec les batteries de petit calibre [2].

78. Lorsque la batterie dispose d'un projecteur, les opérations du réglage sont abrégées, et on ne lance le faisceau qu'au moment où les coups éclatent.

---

[1] Actuellement en service.

[2] En général, la sécurité du projecteur exige un tir très rapide qui ne peut être obtenu qu'avec le canon de 75.

Tir de nuit pour le flanquement d'un ouvrage
par les ouvrages collatéraux.

79. Ce tir s'exécute, à la demande de l'ouvrage attaqué adressée à l'un des ouvrages flanquants, soit en avant du front du premier de ces ouvrages, dans une zone dite *zone nº 1*, soit en arrière de sa gorge, dans une zone dite *zone nº 2*. Ces deux zones sont adjacentes à une *zone de sécurité*, limitée latéralement par deux droites issues de l'engin flanquant et passant à 20 mètres, l'une en avant du réseau de fil de fer du front de tête, l'autre en avant du réseau de fil de fer du front de gorge.

80. Dès qu'il a reçu la demande de secours de l'ouvrage attaqué [1], le commandant de l'engin flanquant exécute, dans la zone indiquée, un tir sur zone, sans réglage, sur quatre hausses échelonnées de 100 mètres, avec fauchage par 4.

81. Les données du tir sur chacune de ces zones sont inscrites dans le tableau des points repérés, joint à la carte d'observatoire de l'ouvrage flanquant.

Le tir peut être corrigé en portée par l'ouvrage flanqué par l'indication « le tir est long » ou « le tir est court ». Suivant l'indication reçue, le commandant de l'engin flanquant fait exécuter un nouveau tir sur les hausses précédentes, diminuées ou augmentées de 100 mètres. S'il ne reçoit aucune indication, le commandant de l'engin flanquant reprend ce tir et continue à tirer jusqu'à ce que l'ouvrage attaqué lui envoie l'ordre : « Cessez le feu. »

TITRE VIII

TIR DES MORTIERS LISSES DU CANON DE 12 CULASSE ET DES CANONS-REVOLVERS

I — MORTIERS LISSES

82. *Préparation du tir.* — Les objectifs probables étant connus et repérés dès le temps de paix, il est facile d'établir pour chaque batterie de mortiers un tableau de renseignements donnant les divisions de la planchette qui correspon-

---

[1] Voir nº 112 *bis* (Instruction du 18 novembre 1911 sur les services de l'observation et des transmissions dans l'artillerie à pied).

dent aux directions de ces objectifs et la charge qui convient
pour chacun d'eux.

Ces renseignements permettent, lorsque la distance de tir
est faible (plus petite que 500 mètres), d'exécuter aussi rapidement que possible un tir sans réglage, de préférence à
mitraille (appareils Moisson, appareils à tige cannelée, boîtes
à balles).

Toutefois, dans le tir à bombes ou à obus, il y aura lieu,
même dans le cas envisagé ci-dessus, de procéder à un réglage, si l'on dispose du temps nécessaire à cet effet.

83. *Choix du point de réglage.* — Le point de réglage
est, selon le cas, le fond du ravin où, d'après les renseignements reçus, sont massées les troupes ennemies, ou le som-
met de la pente qu'elles sont en train de gravir.

Détermination des éléments initiaux du tir.

84. *Angle.* — Quelle que soit l'espèce de projectile, le tir
est toujours exécuté sous l'angle fixe de 45°.

85. *Charge.* — Les poids en grammes des charges de
poudre MC_{30} à employer s'obtiennent en multipliant la portée exprimée en mètres par les coefficients indiqués dans le
tableau ci-dessous.

PROJECTILES	MORTIER de 32	MORTIER de 27	MORTIER de 22	MORTIER de 15
Bombes et obus	3/2	1	1/2	1/4
Appareils à tige cannelée (de 200 à 500 m.). . . .	3	2	1	»
Appareils Moisson (50 à 200 m.)	4	3	2 et 1/2	2

86. *Durée.* — Les durées du trajet pour le tir à bombes
et obus sont données par le tableau suivant :

PORTÉE	DURÉE du trajet	OBSERVATIONS
200 m	6 secondes	Ces durées sont communes à tous les cali-bres. On obtient par interpolation les durées correspondant aux portées intermédiaires.
500	9 —	
1.000	14 —	
1.500	18 —	
2.000	20 —	

Règles de tir.

87. *Réglage du tir.* — Le réglage du tir est exécuté par variations de charge d'après les mêmes principes que le réglage par l'angle dans le cas du tir percutant sur but fixe (n°s 28 et suivants). La fourchette est prise uniformément égale au dixième de la charge initiale.

Toutefois, en raison de la faible précision des mortiers, il n'est pas effectué de tir d'amélioration ; le tir d'efficacité est ouvert avec la charge correspondant à la moyenne de l'encadrement de la fourchette.

Le tir est réparti, s'il y a lieu, en direction et en profondeur, d'après les dimensions de la zone à battre ; on se conforme pour cette répartition aux principes généraux indiqués pour l'exécution des tirs d'efficacité.

II — CANON DE 12 CULASSE

88. Pour le tir à obus, les hausses à employer sont les suivantes ([1]) :

Portées :	100 m.	200 m.	300 m.	400 m.
Hausses :	5 mm	15 mm	20 mm	25 mm

Régler le tir en opérant d'abord par variation de 4 millimètres de hausse, puis par variation de 2 millimètres.

L'encadrement de 2 millimètres ayant été obtenu, exécuter le tir d'efficacité avec la hausse moyenne de l'encadrement.

89. Pour le tir des boîtes à mitraille, on dispose la hausse à 20 millimètres, quelle que soit la distance.

III — CANON-REVOLVER DE 37 ET CANON-REVOLVER
MODÈLE 1879

90. Pour battre un fossé de fortification dans toute sa longueur, il faut viser avec la hausse o à l'extrémité de ce fossé s'il a moins de 150 mètres de longueur, ou un point situé à 150 mètres environ de la pièce, dans le cas contraire. Ce pointage peut être fait à l'avance, une fois pour toutes, de manière que le canon soit toujours disposé pour battre le fossé de la manière la plus favorable.

Sur un but situé à une distance déterminée ([1]), les hausses suivantes donnent au tir son maximum d'effet : 3 millimètres à 200 mètres ; 10 millimètres à 300 mètres ; 20 millimètres à 400 mètres ; 35 millimètres à 500 mètres.

([1]) Les murs d'escarpe et de contrescarpe des ouvrages portent des traits blancs de 50 en 50 mètres permettant d'évaluer facilement la distance.

TITRE IX

TIR DE PLUSIEURS BATTERIES
SUR LE MÊME OBJECTIF

---

91. Plusieurs batteries peuvent être appelées à tirer sur le même objectif.

Elles sont, dans ce cas, placées, au point de vue du tir, sous le même commandement.

Le commandant du groupement ainsi constitué a, vis-à-vis de ces batteries, les mêmes attributions qu'un commandant de groupe au point de vue de la discipline du feu.

92. Dès qu'un commandant de batterie a obtenu l'angle de tir provisoire, il en rend compte au commandant du groupement et lui fait connaître, en outre, la correction de réglage exprimée en mètres.

Le commandant du groupement utilise ce renseignement soit pour hâter le tir des autres batteries, soit pour redresser une erreur qui aurait été commise par l'une d'elles.

Il convient, toutefois, de remarquer que les résultats du tir de réglage d'une batterie ne sont, en principe, utilisables par une autre batterie que si les pièces sont du même calibre, tirant les mêmes projectiles avec des charges du même lot de poudre, etc...

APPENDICE

CHAPITRE I

Tir vertical.

93. Le tir vertical est exécuté avec les angles compris entre 50° et l'angle maximum permis par l'affût (angles limites).

Le tir vertical est en principe percutant.

Il n'est fait emploi du tir fusant que pour des objectifs défilés au moins à 45° par rapport à la crête couvrante.

ARTICLE 1

Détermination des éléments initiaux (1).

94. La détermination des éléments initiaux se fait d'après les mêmes règles que dans le cas du tir de plein fouet ou plongeant ; toutefois la correction de site due à la différence d'altitude est faite sur la distance.

95. *Distance et charge initiale.* — La distance initiale est la distance lue sur la planchette (2) corrigée de la moitié de la différence d'altitude entre le but et la batterie ; cette correction est additive ou soustractive suivant que le but est plus élevé que la pièce.

Prendre dans le tableau V la charge correspondant à la distance ainsi corrigée.

ARTICLE 2

Conduite du tir percutant.

96. Le tir est exécuté d'après les règles du tir percutant plongeant avec les différences ci-après :

Il n'est tenu compte du premier coup de chaque pièce que pour le réglage de la direction.

---

(1) Voir article 30 de la première partie.
(2) Réduite dans le cas du tir en montagne, comme il est dit au n° 70.

A une augmentation d'angle de tir correspond une diminution de portée et inversement.

Si le tir conduit à un coup court avec 50°, ou long avec l'angle maximum permis à l'affût, il y a lieu de changer de charge.

A cet effet, prendre dans le tableau VI la distance correspondant à l'angle de tir limite avec la charge essayée ; prendre comme angle avec la nouvelle charge l'angle (arrondi en degrés) correspondant à la distance qu'on vient de trouver.

REMARQUE. — *Dans le tir vertical, il y a lieu de tenir compte, à chaque modification de charge ou d'angle, de la modification correspondante de dérive.*

ARTICLE 3

Transport de tir percutant.

97. *Méthode simplifiée.* —Dans le cas où le but auxiliaire et le but définitif sont très voisins (transport d'un tir réglé sur une partie d'un ouvrage sur une autre partie du même ouvrage, par exemple), les opérations du transport de tir en portée consistent simplement à modifier l'angle de tir de réglage sur but auxiliaire de la variation d'angle correspondant à la différence des distances *aux environs de cet angle.*

98. *Méthode régulière.* — La méthode régulière de transport de tir percutant (n° 60) comporte les particularités suivantes :

Distance de réglage sur but auxiliaire. — Chercher dans le tableau VI pour la charge employée, la portée correspondant à l'angle de tir de réglage ; modifier cette portée de la demi-différence d'altitude entre le but et la batterie ; la correction est soustractive si le but est plus élevé que la pièce, additive si le but est moins élevé.

Calculer comme dans le cas général la correction de portée sur le but définitif, faire subir la correction de site et déterminer la charge comme il est dit au n° 95.

ARTICLE 4

Tir fusant.

Sommaire de la méthode.

99. Déterminer d'après les règles du tir percutant l'angle de tir correspondant à la trajectoire passant par l'objectif. Régler l'évent.

100. *Détermination de l'angle.* — Le commandant de batterie règle le tir percutant par rapport à la crête couvrante ; il détermine ensuite par la méthode indiquée pour le transport de tir simplifié l'angle correspondant à la trajectoire passant par l'objectif.

101. *Réglage de l'évent.* — La hauteur d'éclatement est réglée à vingt millièmes au-dessus de la crête couvrante.

La durée est augmentée d'autant de dixièmes de seconde qu'il y a de millièmes entre la crête couvrante et le but.

CHAPITRE II

Observation latérale.

ARTICLE I

Tir avec observateur latéral.

102. Dans le cas de l'observateur latéral on pourra être amené, pour avoir des coups observables en portée, à faire des corrections pour amener les points de chute dans la zone d'observation (¹).

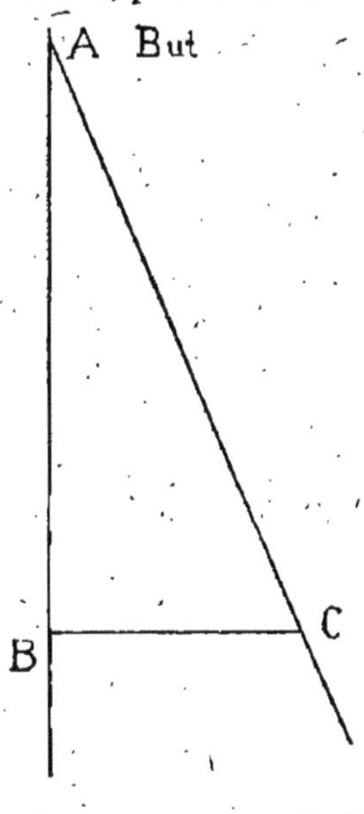

Ce résultat peut être obtenu soit en modifiant la direction du faisceau des plans de tir tout en conservant le même angle de tir, soit en modifiant l'angle de tir, la direction restant la même.

Si la ligne d'observation est un peu inclinée, il est préférable de modifier la direction ; si, au contraire, la ligne d'observation se rapproche de la perpendiculaire à la direction du tir, c'est l'angle de tir qu'il sera préférable de modifier.

Pour la grandeur des modifications à faire aux éléments initiaux, le commandant de batterie se guidera d'après les résultats de l'observation et en tenant compte de ce qu'il sait de l'objectif.

Le réglage consistera, comme dans le cas général, à déterminer un encadrement en portée et en direction.

Le tir d'amélioration sera exécuté sur la moyenne des encadrements.

(¹) La zone d'observation est limitée par les deux droites joignant le poste d'observation aux extrémités du but.

Au cours du réglage, il sera avantageux, pour maintenir les coups dans la zone d'observation, de prescrire à chaque modification de l'angle de tir une modification correspondante de la direction.

A cet effet, mesurer graphiquement sur la planchette la « fourchette en direction » qui correspond à une fourchette en portée.

Si l'observateur est à droite, à chaque augmentation d'angle de tir (par exemple deux fourchettes) correspond une augmentation (deux fourchettes en direction) de l'angle au miroir.

Si l'observateur est à gauche, la correction est faite en sens inverse.

AB fourchette en portée multipliée par 100 ou par 1.000 :

$$\text{fourchette en direction} = \frac{BC}{100 \text{ ou } 1.000}$$

ARTICLE 2

Observations combinées.

103. *Principe.* — Il est avantageux, dans certains cas, de combiner l'observation faite de la batterie avec celle d'un observateur placé latéralement :

Un coup vu en direction de la batterie est vu par un observateur placé à droite de la ligne de tir ; à droite s'il est long, à gauche s'il est court.

Ce mode d'observation s'impose :

1° Quand l'objectif ne se prête pas à l'appréciation du sens des écarts en portée, soit en raison de sa largeur trop faible, soit pour toute autre cause (objectif lumineux, projectiles ne donnant qu'un faible nuage de fumée, etc.) ;

2° Dans le cas du réglage par les coups fusants hauts.

104. *Précision du réglage.* — En général, le réglage ne pourra pas être poussé au delà de l'encadrement de deux fourchettes et même de quatre fourchettes.

La profondeur de l'encadrement à adopter dépend de l'inclinaison de la ligne d'observation sur la ligne de tir (¹).

Comme le montre le renvoi ci-dessous, il y a intérêt à éloigner l'observateur de la ligne de tir, autant qu'il est possible, sans compliquer les transmissions.

105. *Tir d'efficacité.* — Le tir d'efficacité est un tir sur zone échelonnée entre les limites de l'encadrement, dans les conditions indiquées aux n°ˢ 64 et suivants.

---

(1) On admet que l'observateur annonce « en direction » tout coup observé à moins de 1 décigrade du but.

Calculer par le tableau 11 des tables pratiques la valeur en mètres de M B pour 1 décigrade et la distance B O. Les angles M P B et P B O étant sensiblement égaux, on a la demi-longueur de l'encadrement, soit P B par

Réglage par les coups fusants hauts.

106. Le réglage par les coups fusants hauts s'emploie lorsque la nature de l'objectif ne se prête pas au réglage par les coups percutants ou les coups fusants bas.

Il exige l'observation bilatérale ; il n'est avantageux que lorsqu'un des observateurs se trouve à la batterie.

Principe de la méthode.

107. Déterminer la trajectoire sur laquelle se produisent à distance du but des éclatements à une hauteur déterminée favorable à l'observation.

Abaisser la trajectoire pour obtenir l'angle correspondant à la trajectoire qui passe par le pied du but.

Diminuer de 0^s4 la durée de trajet qui correspond à la distance du but, de façon à obtenir des éclatements courts à intervalle convenable ([1]).

Passer au tir sur zone.

Conduite du tir.

108. Le commandant de batterie prescrit le tir fusant et ordonne de déboucher l'évent qui correspond à la distance du but ; il prend comme angle de tir initial l'angle des tables modifié de l'angle de site.

---

relation : $P B = M B \times \dfrac{B O}{O K}$; B O et O K, distance de l'observateur à la ligne de tir, sont pris sur la planchette.

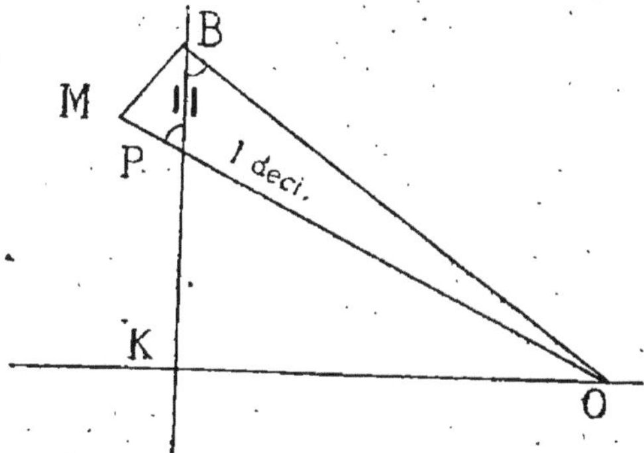

La longueur P B est ensuite exprimée en fourchettes ou demi-fourchette et arrondie s'il y a lieu.

([1]) L'angle de tir et la durée obtenus par le réglage correspond à une trajectoire $c\,m\,h$.

On conçoit comment, en abaissant la trajectoire de la hauteur $B\,h$ et en diminuant la durée qui correspond à h de 0^s4, le tir sera effectivement réglé.

Il détermine à l'aide des tables la fourchette en durée correspondant à la fourchette en angle donnée par le tableau VI. Il modifie dès les premiers coups l'évent, de manière à obtenir des éclatements se produisant à une hauteur favorable à l'observation, en général, voisine de la hauteur-type.

A partir de ce moment, toute variation à la portée est accompagnée d'une variation parallèle à la durée (¹).

Le réglage est exécuté par variation de l'angle de tir d'après les règles du tir percutant. L'encadrement minimum de deux fourchettes ou de quatre fourchettes sera déterminé d'après l'emplacement de l'observateur latéral (n° 103).

Prendre soit la moyenne des angles correspondant aux limites de l'encadrement, soit l'angle qui a donné la durée probable convenant au but après contradiction.

Diminuer l'angle correspondant pour amener les points d'éclatement au niveau du but en se fondant sur ce qu'une hauteur de 1/1000e correspond à 3'5 d'angle.

Diminuer enfin de 0s4 la durée convenant à la distance du but.

Ces éléments servent de départ pour le calcul des angles du tir sur zone.

Canons de petit calibre munis de débouchoir.

109. Le commandant de batterie procède comme il suit :

Encadrer l'objectif entre deux éclatements se produisant à une hauteur favorable à l'observation latérale et dont les hausses diffèrent de 200 mètres ou 400 mètres suivant que le rapport de la base d'observation à la distance est voisin de 1/10e ou de 1/20e.

Le débouchoir étant disposé ensuite à la hausse courte de l'encadrement, déplacer, sans toucher au plateau, l'index mobile de la quantité nécessaire pour amener les éclatements à la hauteur-type et fixer l'index. Lire sur le plateau la distance correspondant à cette dernière position de l'index.

Adopter comme point de départ pour le tir d'efficacité la distance et le correcteur marqués alors par le débouchoir.

110. Si la hauteur d'éclatement dans le tir d'efficacité paraît mal réglée, la corriger en agissant sur l'angle de tir ou sur l'angle de site (canons de 75).

---

(1) Ce résultat est automatiquement obtenu par l'emploi du débouchoir.

ARTICLE 3

Tir par observation bilatérale.

Principe de la méthode.

111. Quand le procédé de l'observation directe est en défaut ou ne permet d'apprécier le sens des écarts en portée qu'à la condition de répéter trop souvent les coups, on peut avoir recours à l'observation bilatérale.

L'observation bilatérale convient particulièrement aux tirs contre les objectifs sans relief suffisant, mais dont un point est visible ou dont la position connue exactement, ainsi qu'aux tirs contre les objectifs lumineux (machines photo-électriques, feux de bivouac, etc.).

Elle n'est appréciable qu'à la condition que l'objectif offre un point précis facile à définir aux deux observateurs.

Les écarts sont toujours mesurés par rapport à ce point à l'aide d'instruments de mesure d'une précision au moins égale à celle de la lunette de batterie.

L'observation bilatérale s'applique aussi bien au tir percutant qu'au tir fusant.

La méthode à suivre consiste essentiellement à faire observer les écarts apparents en direction par deux observateurs latéraux et à en déduire à la fois le sens des écarts en direction et le sens des écarts en portée.

112. *Appréciation du sens des écarts en direction par rapport à la ligne de tir.* — On considère comme à droite (à gauche) les coups signalés de ce côté par les observateurs, ou par un seul observateur si l'autre a vu le coup en direction. Si les observateurs sont en désaccord, on admet par raison de simplicité que le coup est en direction.

Ces règles s'appliqueront quelle que soit la disposition des lignes d'observation; elles ont pour effet d'amener les points de chute dans les angles intérieurs aux lignes d'observation, condition favorable au réglage en portée et d'où résulte aussi le réglage en direction.

113. *Appréciation du sens des écarts en portée.* — Pour déduire du sens des écarts latéraux le sens des coups en portée, on convient de considérer les écarts comme positifs si leur sens est de même nom que l'observateur qui les annonce, comme négatifs dans le cas contraire.

Ainsi un écart signalé à gauche par l'observateur de gauche est positif et représenté sur le bulletin de tir par le signe $+$; un écart signalé à droite par le même observateur est négatif et figuré par le signe $-$.

Dans ces conditions, s'il y a concordance entre les signes, le sens du coup est déterminé; le signe $+$ correspond aux coups longs et le signe $-$ aux coups courts.

Quand les signes sont discordants, c'est le signe du plus grand écart qui l'emporte ; le signe + correspond aux coups longs, le signe — aux coups courts.

La somme des écarts pris avec leur signe s'appelle l'*indice du coup*.

114. Pour compléter les règles précédentes, il y a lieu d'ajouter les remarques suivantes :

1° Le sens d'un coup vu en direction par un observateur est donné par le signe de l'observation faite de l'autre poste ;

2° Si les observateurs voient tous les deux le coup en direction (indice nul), le coup est dans une région voisine du but ;

3° Quand l'indice est inférieur à une division de l'instrument employé, il y a doute, car la précision de l'observation n'est pas assez grande, en général, pour que le signe de l'indice soit certain (1) ;

4° Un coup dont la direction n'est annoncée que par un poste est douteux ;

5° Lorsque, exceptionnellement, un observateur peut se rendre compte du sens du coup d'après l'occultation du but par la fumée ou inversement, il doit le signaler.

Conduite du tir.

115. Le tir s'exécute *coup par coup*, en raison des difficultés que présenterait la mesure des écarts des deux coups d'une salve et de la difficulté des transmissions.

Le réglage en portée consiste à déterminer la zone dont les limites correspondent à des coups courts et à des coups longs. L'étendue de cette zone est variable suivant la situation des postes d'observation.

A cet effet, le commandant de batterie part des éléments initiaux déterminés à l'aide de la planchette et procède par bonds d'une demi-fourchette jusqu'à ce que le but soit encadré dans les deux sens. Il vérifie le sens des angles qui correspondent aux limites de l'encadrement comme il est dit au n° 31 et exécute un tir sur zone entre ces limites.

Pour le réglage en direction on fait après chaque coup la correction qui résulte de l'observation. Cette condition est égale à la demi-différence algébrique des écarts pris avec leur signe.

CHAPITRE III

Tir des obus éclairants.

116. *Emploi.* — Les obus éclairants sont réservés, en

____

(1) L'indice n'est sûr qu'à une division près, car il comporte la somme des erreurs commises dans chaque observation dont la précision ne peut en général dépasser une demi-division (demi-décigrade avec la lunette modèle 1897).

principe, dans la guerre de siège, à la surveillance des travaux ou des mouvements possibles de l'ennemi dans certaines zones bien déterminées, et notamment aux abords des ouvrages, lorsque le terrain ou les circonstances ne permettent pas d'y employer de projecteurs.

Leur usage facilitera parfois aux observateurs aériens des reconnaissances à distance relativement faible, qu'ils ne pourraient opérer avec la même sécurité en plein jour.

En raison de leurs propriétés incendiaires, les obus éclairants pourront être utilisés incidemment pour mettre le feu par exemple à des récoltes sur pied.

117. *Calibre.* — Les approvisionnements actuels ne comportent que des obus éclairants du calibre de 155. Ces obus sont tirés uniquement dans le canon de 155 C. avec l'une des charges 1 (900 gr. BC) ou 2 (750 gr. BC). Il est interdit de les tirer soit avec la poudre noire, soit avec des charges en poudre BC (¹) différentes de celles indiquées ci-dessus.

118. *Hauteur d'éclatement.* — La hauteur d'éclatement correspondant à l'éclairement maximum de l'objectif est de 300 mètres à toutes les distances. Les éléments des tables de tir spéciales aux obus éclairants ont été déterminés d'après cette condition.

Dans le cas où l'obus éclairant est utilisé comme obus incendiaire, l'éclatement doit être réglé à faible hauteur (50 mètres environ) de façon que les étoiles atteignent le sol au commencement de leur combustion.

119. *Intervalle d'éclatement par rapport à l'objectif.* — On se trouve dans les meilleures conditions pour l'éclairement de l'objectif lorsque l'éclairement a lieu en deçà de cet objectif, à une distance ne dépassant pas 250 à 300 mètres en portée et 100 à 200 mètres en direction.

Lorsque l'éclatement est long par rapport à l'objectif, ou que le vent pousse les étoiles éclairantes au delà, l'objectif apparaît sous forme d'une masse noire se détachant sur un fond clair et les détails en sont plus souvent très difficiles à distinguer.

Si l'objectif n'est pas connu d'avance et ne présente pas de parties claires, l'éclairement obtenu avec l'obus éclairant de 155 ne permet guère l'observation qu'à des distances inférieures à 1.200 mètres.

Il y a dans tous les cas intérêt à pousser, lorsque les circonstances le permettent, les observateurs aussi près que possible de l'objectif.

Règles de tir.

120. *Charge.* — La charge à employer est la charge 1 aux distances de tir comprises entre 3.000 et 5.000 mètres, et la

---

(1) Ou BS, dans le canon de 155 C. mod. 1904 TR.

charge 2 aux distances de tir comprises entre 1.000 et 3.000 mètres.

121. *Détermination des éléments initiaux du tir.* — Ces éléments sont donnés pour les portées multiples de 500 mètres par la table pratique sommaire annexée à la présente Instruction. Les éléments correspondant aux portées intermédiaires sont calculés avec une approximation très suffisante par interpolation, l'angle de tir étant modifié, le cas échéant, de l'angle de site moyen de la zone à éclairer (1).

Il convient, en général, de prendre comme distance initiale de tir la distance de la limite de la zone à éclairer la plus rapprochée de la batterie.

Remarque. — L'angle de tir donné par les tables de tir spéciales à l'obus éclairant a été fixé, comme il est dit plus haut, par la condition de donner, avec l'évent correspondant des tables, une hauteur d'éclatement de 300 mètres en terrain horizontal. Il n'y a donc pas lieu de s'étonner de ce que entre 1.000 et 1.500 mètres (charge 2) cet angle varie en sens inverse de la portée et de la durée de trajet; mais l'attention doit être appelée sur ce point pour éviter toute erreur dans le calcul par interpolation des éléments initiaux lorsque la distance de tir est comprise entre les limites indiquées.

122. *Réglage du tir.* — Le tir est exécuté :

Coup par coup aux distances d'observation inférieures à 3.000 mètres;

Par salves de deux coups aux distances d'observation comprises entre 3.000 et 3.500 mètres;

Par salves d'au moins trois coups aux distances d'observation supérieures à 3.500 mètres.

Le réglage du tir s'effectue d'après les principes suivants :

Si le premier coup (ou la première salve), quelle que soit la hauteur d'éclatement, ne révèle pas le but, modifier l'évent par bonds d'une seconde dans le sens convenable, sans toucher à l'angle de tir, jusqu'à ce que l'aspect des objets éclairés montre que la distance d'éclatement convient.

Procéder, s'il y a lieu, au réglage de la hauteur (moyenne) d'éclatement en faisant varier l'angle de tir, sans toucher au dernier évent obtenu, d'un nombre de minutes calculé à raison de :

5 minutes et demie par décigrade ou 3 minutes et demie par millième de la différence angulaire entre la hauteur observée et la hauteur désirée.

Cette dernière correction n'est utile que si la différence angulaire en question est assez sensible; sa nécessité est d'ailleurs mise en évidence par la façon dont se comportent les étoiles, soit qu'elles s'éteignent à une très grande hauteur

---

(1) Il n'y a intérêt à tenir compte de l'angle de site que lorsque la différence d'altitude est égale ou supérieure au 1/10° de la hauteur d'éclatement recherchée.

au-dessus du sol, soit qu'elles continuent à brûler assez long-temps après leur chute.

Si l'on veut prolonger l'éclairement en deçà ou au delà de la zone primitive, on procédera par variations parallèles de l'angle de tir et de l'évent en partant des éléments du tir réglé.

Nota. — L'obus éclairant ayant la même trajectoire que l'obus à mitraille, il peut y avoir intérêt à profiter des renseignements donnés par des tirs fusants antérieurs sur l'évent du jour pour corriger s'il y a lieu l'évent initial des tables.

123. *Cas où les obus éclairants sont utilisés comme projectiles incendiaires.* — Dans ce cas, le tir est réglé en angle et en durée au moyen d'obus à mitraille, la hauteur-type étant calculée de manière à correspondre à une hauteur d'éclatement de 50 mètres au-dessus du sol.

On passe ensuite au tir à obus éclairants avec les éléments obtenus.

Table de tir de l'obus éclairant de 155 tiré dans le canon de 155 court.

DISTANCES horizontales d'éclatement (en mètres)	ANGLES DE TIR (en degrés)	DÉRIVES (en décigrades)(1)	ÉVENTS à déboucher pour obtenir une hauteur d'éclatement de 30 m.
Charge 1 (OK 900 BC + 25 C_1)			
3 000	21°00	— 6	14^s
3.500	23 45	— 7	17
4.000	27 15	— 9	20
4.500	32 00	— 12	24
5.000	40 45	— 17	30 5
Charge 2 (OK 750 BC + 25 C_1)			
1.000	22°00	— 2	5^s
1.500	20 00	— 3	7 5
2.000	20 30	— 4	10
2.500	23 00	— 6	13
3.000	26 00	— 8	16
3.500	30 00	— 10	20

(1) Pointage au tonnerre.

CHAPITRE IV

Tir des obus incendiaires.

124. *Emploi.* — Les obus incendiaires ([1]) sont armés de fusées à double effet de manière à pouvoir être tirés percutants ou fusants suivant la nature des objectifs qu'il s'agit d'incendier.

Sur des constructions ordinaires en maçonnerie, couvertes en lave, tuile ou ardoise, le tir percutant devra être préféré : l'obus n'éclate en effet qu'après avoir traversé les murailles et les cylindres sont projetés dans l'intérieur des maisons.

Sur des baraquements en bois, des maisons couvertes en chaume, des meules de paille, des récoltes sur pied il conviendra d'employer le tir fusant bas, de manière que les cylindres projetés par l'explosion ne soient pas entièrement consumés avant de rencontrer l'objectif.

125. *Règles de tir.* — Les obus incendiaires ayant la même trajectoire que les obus ordinaires de même calibre ne nécessitent pas l'emploi des tables spéciales. Le tir de ces obus, généralement de plein fouet, est effectué suivant les règles ordinaires du tir percutant ou du tir fusant, la hauteur-type à adopter pour le tir fusant étant prise égale à la moitié de la hauteur-type normale, soit deux millièmes.

CHAPITRE V

Tir sur aéronefs.

126. Le tir sur aéronefs s'exécute soit par des sections de 75 sur affût de campagne, soit par des sections de 75 sur plateforme modèle 1911.

Les méthodes de tir à employer sont contenues dans la « Note concernant le tir sur aéronefs des sections de 75 sur plateforme modèle 1911 du 6 mai 1913 ».

(Les méthodes contenues dans cette Note feront l'objet d'un rapport spécial de la Commission d'Études pratiques demandant qu'il y soit apporté un certain nombre de modifications.)

([1]) Obus ordinaires de 95, 120, 155 dont le chargement est partiellement remplacé par des cylindres incendiaires.

CARNET DE TIR

—

Secteur ou
division d'équipage

Groupe

Nom de la batterie :

Armement :

AVERTISSEMENT

———

Un carnet de tir est affecté à chaque batterie.
Il contient :

A. — Des renseignements généraux à utiliser pour la préparation du tir (Tableaux I et II);

B. — Un modèle des calculs à faire pour noter les résultats d'un réglage;

C. — Une collection de feuillets préparés pour l'enregistrement des résultats des tirs (Tableau III);

D. — Des tableaux donnant les indications pour le calcul rapide des éléments d'un tir sur point de passage obligé (Tableau IV).

Tableau I. — Les éléments du tableau I résultent des données de l'organisation du tir.

Tableau II. — Ce tableau donne :

1° Les angles de direction *au tonnerre* pour la mise en surveillance de la batterie (*au miroir* pour les batteries qui n'ont pas de repère extérieur, batteries sous bois par exemple).
Ces chiffres résultent de l'organisation du tir, ils sont modifiés lorsque l'exécution des tirs sur des buts différents a donné lieu à des corrections de réglage en direction toujours de même sens et de grandeur comparable pour une ou plusieurs pièces.
Les nouveaux chiffres à inscrire sur le carnet de tir sont donnés par le commandant du groupe, qui fait, s'il y a lieu, le nécessaire auprès du service chargé de l'organisation du tir;

2° Le tableau de la parallaxe, par rapport à l'intervalle de deux pièces, d'un point B situé à différentes distances. Ces données sont établies à l'aide du tableau II des tables de tir.

Tableau III. — Ce tableau sert à conserver trace des résultats des tirs et spécialement des corrections de réglage. Il est rempli après chaque tir à l'aide des bulletins de tir.

Tableau IV. — Ce tableau contient les renseignements nécessaires pour l'ouverture rapide sur point de passage obligé.

Les éléments en sont déterminés d'après les règles du transport de tir (méthodes simplifiées) en vue d'un tir fusant sur zone.

Les échelonnements en portée et en direction y sont rappelés pour mémoire en vue d'éviter des recherches dans les règles de tir.

TABLEAU I

Coordonnées de la pièce-guide $\left\{\begin{matrix} x = \\ y = \end{matrix}\right.$ $\left\{\begin{matrix} \text{cote des} \\ \text{tourillons} \end{matrix}\right.$
(1re pièce) . . . .

Front de batterie.

Repère principal. . . $\left\{\begin{matrix} \text{Définitions} \\ \text{Coordonnées} \end{matrix}\right.$ $\left\{\begin{matrix} x = \\ y = \end{matrix}\right.$

Point de surveillance. $\left\{\begin{matrix} \text{Définitions} \\ \text{Coordonnées} \end{matrix}\right.$ $\left\{\begin{matrix} x = \\ y = \end{matrix}\right.$

TABLEAU II

1° Angles de direction de surveillance (plans de tir parallèles).

	6ᵉ PIÈCE	5ᵉ PIÈCE	4ᵉ PIÈCE	3ᵉ PIÈCE	2ᵉ PIÈCE	1ʳᵉ PIÈCE
Angles au tonnerre de surveillance						
Angles au tonnerre de surveillance rectifiés						

	6ᵉ PIÈCE	5ᵉ PIÈCE	4ᵉ PIÈCE	3ᵉ PIÈCE	2ᵉ PIÈCE	1ʳᵉ PIÈCE
Angles au miroir de surveillance						
Angles au miroir de surveillance rectifiés						

2° Parallaxe p d'un point B par rapport à l'intervalle de deux pièces.

DISTANCE sur point B	PARALLAXE p	OBSERVATIONS
2.000		La parallaxe p est égale au nombre n_1 de décigrades auquel correspond, à la distance du point B, l'écartement B B' des plans de tir parallèles.
2.200		
2.400		
2.600		
2.800		
3.000		
3.500		
4.000		
4.500		
5.000		
6.000		
8.000		

Modèle des calculs a faire pour la notation des résultats d'un réglage

1° *Distance de réglage* (Règles de tir n° 57).

Angle de tir de réglage . . . .
Correction totale de site changée de signe $\pm$.
Angle de tir de réglage ramené à l'horizon.
Distance de réglage R =

2° *Coefficient de réglage en portée.*

Distance de réglage en portée R =
Distance lue sur la planchette P =
Coefficient de réglage $\dfrac{R}{P}$ =

TABLEAU III

ENREGISTREMENT DES RÉSULTATS DES TIRS

TIRS du

NOM DU COMMANDANT DE BATTERIE :

—

Désignation de l'objectif :

Coordonnées $x =$ $y =$ Altitude

Munitions . $\begin{cases} \text{Charge (lot de poudre).} \\ \text{Projectiles.} \\ \text{Fusées (lot).} \end{cases}$

—

Portée . . $\begin{cases} \text{Angle de tir de réglage.} \\ \text{Distance mesurée sur la planchette P} = \\ \quad \text{—} \quad \text{de réglage R} = \end{cases}$

Coefficient de réglage en portée $= \dfrac{R}{P}$.

	6ᵉ PIÈCE	5ᵉ PIÈCE	4ᵉ PIÈCE	3ᵉ PIÈCE	2ᵉ PIÈCE	1ʳᵉ PIÈCE
Direction . $\begin{cases} \text{Correction de réglage} \\ \text{en direction . . .} \\ \text{Au miroir} \pm \text{. . . .} \end{cases}$						

Évent. . . $\begin{cases} \text{Correction de réglage de l'évent} \pm \\ \text{Correcteur.} \end{cases}$

TABLEAU IV

ÉLÉMENTS D'UN TIR FUSANT SUR POINT DE PASSAGE OBLIGÉ

Désignation du but à battre (avec croquis panoramique s'il y a lieu).

Distance.
Distance modifiée pour tenir compte des tirs antérieurs. $\left.\right\}$ Angle de site ±.

Projectiles-charge :

Corrections d'angles au miroir les pièces étant en surveillance ±.
Échelonnement de répartition par pièce ±.

Pour mémoire.
Tir d'efficacité. $\left\{\begin{array}{l}\text{Profondeur du but à battre.}\quad\text{Fourchettes de part et d'autre.} \\ \text{Échelonnement} \\ \text{(Règles de tir} \\ \text{n}^{os}\ 52\ \text{et}\ 53)\end{array}\right.$ $\left\{\begin{array}{l}\text{en direction, 4 ou 2 décigrades.} \\ \text{en portée, 1/2 ou 1/4 fourchette.}\end{array}\right.$

GROUPE DE

BATTERIE N°

BULLETIN DE TIR

Tir initial

Données

Coordonnées du but. { $x =$ / $y =$ } . . . . . Altitude . . . .
Distance mesurée sur la planchette . . . .
Différence d'altitude du but et de la batterie ± . . . .
Nature du but . . . .
Dimensions du but. { front . . . . / profondeur . . . . / sens ——→ direction du tir. / force . . . . }
Vent.
Projectile . . . .
Charge . . . .

Por[tée.]

A) Distance initiale (1) . . . .
Angle de tir des tables . . . .
Angle de site . . . .
Correction complémentaire . . . .

Angle de tir initial . . . .
Angle de tir de réglage . . . .
Correction de réglage { en angles (n) . . . . ± / en portée (c) . . . . ± }

Direc[tion]
(Opérations [au miroir.)]

Angle du but avec le point de surveillance ± . . . .
b) Dérive (2) . . . .
Correction du vent (2) . . . .

Correction aux angles de surveillance ± . . . .

É[vent.]

Correction de réglage de l'évent ± . . . .

(1) Distance lue sur la planchette multipliée par le coefficient de réglage du carnet de tir (Règles de tir n° 21).

Transport de tir

du tir.

Coordonnées du but. { $x =$ / $y =$ } . . . . . Altitude . . . .
Distance mesurée sur la planchette
Différence d'altitude du but et de la batterie ± . . . .
Nature du but
Dimensions du but. { front . . . . / profondeur . . . . / sens ——→ direction du tir. / force . . . . }
Vent.
Projectile.
Charge.

[Por]tée.

	MÉTHODE régulière	MÉTHODE SIMPLIFIÉE	
		portée	angles
Distance initiale (1)			
Correction de réglage en portée C . . . ± multipliée par le rapport des distances $\left(C \times \dfrac{D}{A}\right)$ . . . . ±			
Distance de réglage			
Angle de tir des tables pour la distance de réglage			
Angle de site . . . . ±			
Correction complémentaire . . . . ±			
Correction de réglage en angles (a) . . . ±			
Angle de tir initial			

[Direc]tion.
(au miroir.)

Angle des deux buts . . . . ±
e) Dérive . . . . ±
Différence des dérives (c—b) . . . . ±

Angle de transport . . . . ±

[É]vent.

. . . .

(2) Tenir compte du renvoi du n° 19.

Angle de tir :
Fourchette :
En durée :

Tir fusant.

Angle de tir de réglage :   Hauteur type :
Angle de site changé de signe ± :   Évent des tables :
Correction d'évent due à
l'altitude de la batterie
(Tableau VII) . . . . .
Somme ou différence :

Résultats observés.

Nᵒˢ des coups	Angle de tir ou hausse	Charges	Sens des coups	Rang des pièces	Écarts en direction						Évent ou correcteur	Hauteur d'éclatement en millièmes	Heure	Commandements et observations
					6ᵉ pièce	5ᵉ pièce	4ᵉ pièce	3ᵉ pièce	2ᵉ pièce	1ʳᵉ pièce				

TABLE DES MATIÈRES

TITRE VI

TITRE VII

TITRE VIII

**Tir des mortiers lisses, du canon de 12 culasse
et des canons-revolvers.**

TITRE IX

APPENDICE

Chapitre I

Chapitre II

Chapitre III

Chapitre IV

Chapitre V

NANCY-PARIS, IMPRIMERIE BERGER-LEVRAULT

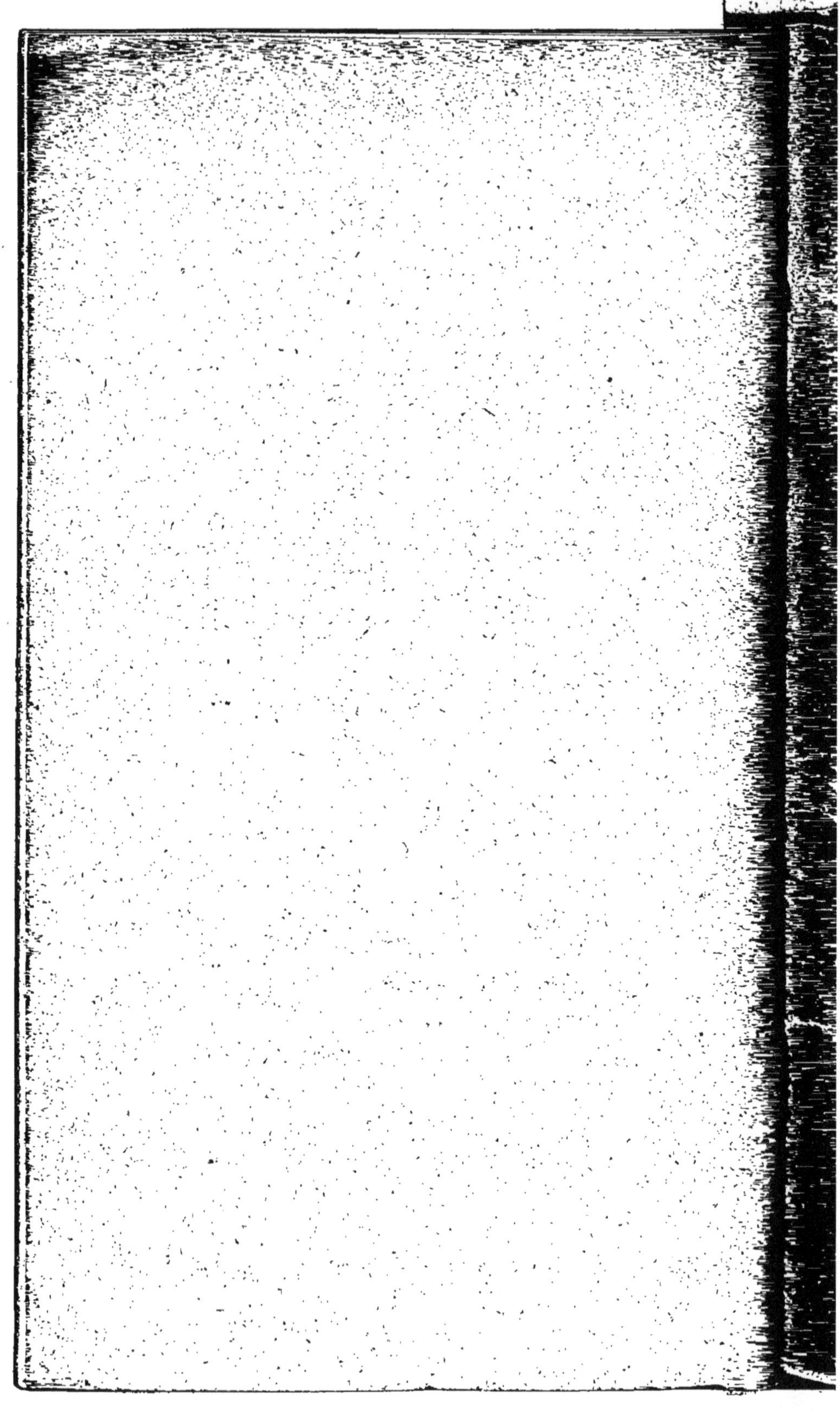

NANCY-PARIS, IMPRIMERIE BERGER-LEVRAULT